여호수아 관점설교

여호수아 관점설교

지은이	최 식
발행인	최 식
발행처	도서출판 CPS
펴낸날	2016. 12. 7
등 록	No. 112-90-27429
주 소	경기도 의왕시 안양판교로 219, 203호
전 화	031)421-1025
팩 스	031)421-1027
홈페이지	www.cpsbook.co.kr

ISBN 979-11-955986-8-7

값 18,000원

ⓒ 판권 저자 소유
이 책의 일부분이라도 저자의 허락 없이는 무단 복제할 수 없습니다.

CPS 설교학교 관점설교 시리즈 9

여호수아 관점설교

최 식 지음

CPS

프롤로그

건강한 교회 회복 길잡이, 여호수아 관점설교

설교는 끝이 없습니다. 매일 계속되는 설교, 매 주일 돌아오는 설교, 하루도 쉴 틈이 없습니다. 설교자로 부름 받은 것은 행복했지만 설교자로 산다는 것은 여간 어려운 일이 아닙니다. 그렇다고 쉽게 던져버릴 수도 없는 것이 설교사역입니다.

설교를 무거운 짐처럼 안고 10년, 20년, 30년을 달려온 설교자들은 한결같이 소진된 자신의 삶을 고백하며 아쉬움을 지우지 못했습니다. 더 이상 설교자들이 소진되고 지쳐서 설교를 무거운 짐처럼 여기는 목회가 지속되어서는 안 됩니다. 설교자들이 행복해야 그 설교를 듣는 청중도 그 설교를 듣고 행복한 삶을 회복할 수 있습니다.

설교자가 설교의 부담에서 벗어나려면 관점을 가지고 설교해야 합니다. 설교에 있어서 관점이란, 본문을 통하여 하나님께서 말씀하시려는 목적입니다. 이 하나님의 목적이 설교자들이 설교해야 할 관점입니다. 본문에서 무엇을 전할 것인가, 즉 관점이 보이지 않기 때문에 설교의 어려움을 벗어버리지 못하는 것입니다.

여호수아는 이스라엘 백성들의 가나안 진입과 정착 과정을 보여줍니다.
우리가 놓치지 말아야 하는 것은 가나안 진입과 정착은 여호수아와 그 백성들의 작품이 아니라는 것입니다. 지도자 여호수아를 앞세우시고, 언약을 근거로 그 백성들에게 어떻게 공동체를 이루어 갈 것인가를 보여주신 하나님의 작품입니다. 시작부터 끝까지 모든 것을 하나님이 이루셨습니다.

여호수아 관점 설교는 관점을 중심으로 각 장을 어떻게 설교할 것인가를 설교자들이 찾아갈 수 있도록 구성했습니다.
설교를 이끄는 관점으로 청중들이 설교를 들을 수 있도록 문제의식을 주고, 하나님의 목적을 통하여 본문의 문제를 해결하시는 하나님을 보여주고, 관점을 중심으로 현 청중들을 적용하고, 여호수아 관점설교 전체를 통해 건강한 교회를 이루어가도록 결단을 이끌었습니다.

필자는 'CPS 보여주는 설교학교'를 통하여 10여 년 동안 관점설교 방법론으로 설교자들을 섬겨왔습니다. 관점설교는 설교자와 청중들을 일으켜 세우는 확실한 대안입니다.
여호수아 관점설교를 통하여 모든 설교자들이 강하고 담대하게 하나님의 목적을 전하여 건강한 교회를 회복하고 이루어가기를 간절히 소원합니다.
부족한 종을 위하여 아낌없는 격려로 추천해주신 복음대학교(Evangelia University) 조대준 교수님께 존경과 감사를 표합니다. 세밀한 손길로 여호수아 관점설교를 제작해주신 들소리신문사 양승록 편집장님과 직원분들께 감사드립니다.

2016. 12. CPS 설교학교 최 식 목사

추천사

언약의 하나님과 동행하도록 안내하는
여호수아 관점설교

여호수아는 언약을 이루시는 하나님을 잘 보여주는 책이다. 최식 목사님은 이 내용을 15개의 설교로 나누어 다루면서 현대 크리스천의 삶에 적용한다.

각 설교마다 약 3400년 전에 기록된 말씀이 21세기에 사는 현대 크리스천들에게 실질적으로 적용되어 살아 있는 하나님의 말씀인 것을 느끼게 한다.

각 설교는 △설교를 이끄는 관점 △하나님의 목적을 중심으로 해결 △관점을 중심으로 청중 문제 해결 △청중의 결단 등 네 부분으로 구성되어 있다.

먼저 '설교를 이끄는 관점'의 부분에서는 설교 본문에서 나올 수 있는 의문을 제시하여 청중으로 하여금 생각하게 하고 또한 이들이 설교에 대한 관심을 갖도록 한다.

이 점은 탁월하다고 볼 수 있다. 단지 설명하는 설교가 아니라 관점을 통하여 의문점을 제시하고 청중과 함께 이 문제를 풀어 나가고자 하면서 청중이 설교와 함께 움직이게 한다.

두 번째 부분인 '하나님의 목적을 중심으로 해결'에서는 앞에서 언급한 의문점에 대한 답을 제시한다.
　특히 각 설교마다 제시하는 답이 언약신학에 근거한 통찰력이 있는 가르침이므로 청중은 설교가 흔들리지 않는 굳건한 기초에 근거하고 있음을 느낄 수 있다. 15개의 설교에서 "언약"이라는 단어를 종종 찾아 볼 수 있는데, 특히 다섯번째 설교인 "잃어버린 것들-할례"에서 언약 백성의 중요성을 강조하는 것이 이 점을 잘 보여준다.

　세 번째 부분인 '관점을 중심으로 청중 문제 해결'과 네 번째 부분인 '청중의 결단'은 설교의 적용이라 할 수 있다. 성경 말씀에 근거하여 제시된 가르침으로 청중이 도전을 받게 하고 심령 안에서 생각하고 씨름하게 한다.

　네 번째 부분에서는 청중으로 하여금 실질적으로 이 말씀을 삶에 적용하게 한다.
　이 저서에 담긴 설교의 장점은 각 설교마다 언약신학에 기초

한 깊은 내용을 담고 있지만 모든 신자들이 알아들을 수 있고 삶에 적용할 수 있도록 쉽게 쓰여졌다는 것이다.

또한 최식 목사님의 여호수아 13~19장에 대한 해석은 이 책을 이해하고 창세기부터 언급된 이스라엘 열두 지파의 특성을 이해하는 데도 도움이 된다. 이 부분은 단지 열두 지파의 땅 분배에 대한 설명에 그치는 것이 아니라 하나님의 계획 안에서의 지파들을 볼 수 있게 한다. 특별히 첨부된 지도와 도표는 이것을 이해하는 데 도움을 준다.

이 저서에 담긴 설교들은 신의를 찾아보기 어려운 세상에서 정체성 없이 사는 현대인들에게 도전을 주고 도움을 줄 것이다. 하나님은 우리가 부족하여도 항상 우리와 함께 하시고 또한 당신이 말씀하신 것을 반드시 이루시는 분이다.

"내가 네게 명령한 것이 아니냐 강하고 담대하라 두려워하지 말며 놀라지 말라 네가 어디로 가든지 네 하나님 여호와가 너와 함께 하느니라 하시니라"(수 1:9).

"여호와께서 이스라엘 족속에게 말씀하신 선한 말씀이 하나도 남음이 없이 다 응하였더라"(수 21:45).

독자들은 각 설교마다 신자들에게 언약을 주시고 그 언약을 이루어 나가시는 하나님을 만나 볼 수 있을 것이다. 또한 이 설교들은 독자들마다 자신이 처한 환경이 다를지라도 여호수아 1장 9절과 21장 45절의 말씀을 붙잡고 사는 데 도움을 줄 것이다.

그리고 이 설교들은 우리들에게 여호수아와 함께 하셨던 하나님이 우리가 믿는 하나님이고, 그 언약의 하나님이 우리의 삶에서도 언약을 이루어 나가신다는 것을 믿으라고 부르짖는다.

조대준 교수(Ph.D.)
Evangelia University

목차

프롤로그

추천사

■ 1부 관점설교

1. 강하고 담대하라 / 13
2. 정탐꾼과 기생 라합 / 23
3. 요단을 건너라 / 35
4. 네 발이 선 곳에서 – 기념비 / 45
5. 잃어버린 것들 – 할례 / 63
6. 잃어버린 것들 – 유월절 / 73
7. 여리고성 / 81
8. 아간 / 93
9. 아이성 함락 / 105
10. 율법 낭독 / 115
11. 기브온과 조약 / 125
12. 태양아 머무르라 / 137

Preach with the perspective!

JOSHUA

13. 레위 지파 / 147

14. 갈렙 / 157

15. 피할 수 있어야 합니다 / 167

16. 여호수아의 유언 / 179

■ 2부 여호수아 이해하기

◆ 13~19장 이해하기 / 189

◆ 13~19장, 각 지파의 땅 분배 과정 / 211

* 지도 참조

가나안 정복 / 224

이스라엘 12지파의 가나안땅 분배 / 225

12지파의 정착과 도피성 / 226

다윗과 솔로몬 왕국 / 227

여호수아가 두려워했던 것은 두 가지입니다. 하나는 이스라엘 백성이었고, 또 하나는 자신의 연약함이었습니다.

1부 관점설교

1 | 수 1:1~9
강하고 담대하라

 하나님이 강조하시는 "강하고 담대하라"의 의미는 무엇입니까? 어떤 경우에도 하나님의 약속을 믿고 흔들리지 않으면 하나님께서 모든 것을 책임져 주신다는 또 한번의 약속입니다.

✻ 강하고 담대하라!

여호수아의 취임식 장면입니다.

이 취임식은 여호와 하나님과 여호수아의 일대일 단독 취임식입니다.

하나님께서는 이 취임식에서 여호수아에게 세 번이나 강조하신 것이 있습니다.

설교를 이끄는 관점

그것은 바로 "강하고 담대하라"는 것입니다.

왜 하나님께서는 여호수아에게 강하고 담대하라고 하신 것일까요?

이는 여호수아에게 어떤 문제가 있음을 암시하시는 것입니다.

다시 말하면 여호수아가 지금 강하고 담대하지 못하고 두려워하고 있습니다.

* 그렇다면 여호수아가 두려워하는 것은 무엇입니까?
* 그가 얼마나 두려워하고 있기에 세 번씩이나 강하고 담대하라는 당부를 하신 것입니까?
* 여기서 강하고 담대하라는 말은 어떤 의미로 하신 말씀입니까?

인간적인 배짱이 필요하단 말입니까?

지도자로서 담력을 가지라는 말입니까?
아니면 무슨 일이든 무조건 밀고 나가라는 뜻입니까?

새로운 시대의 지도자로서 공식적인 첫 발을 내딛는 여호수아에게 격려와 축복의 말씀보다 강하고 담대하라는 당부의 말을 강조하신 이유는 무엇일까요?

하나님의 목적을 중심으로 해결

여호수아가 두려워하는 것이 무엇인가를 알고 계시기 때문입니다.
여호수아가 두려워했던 것은 두 가지입니다.
하나는 이스라엘 백성이었고, 또 하나는 자신의 연약함이었습니다.

여호수아가 이런 두려움을 갖게 된 것은 광야의 지도자 모세 곁에서 40여 년 동안 그 백성들을 지켜보았기 때문입니다. 또한 모세의 위대한 지도력을 알고 있었기 때문입니다. 그러기에 그는 두려워하는 것이 당연했습니다.
이런 여호수아의 심정을 너무도 잘 아시는 하나님께서는 여호수아가 지도자로서의 사명을 감당하는 데 가장 큰 걸림돌인 '두려움'을 이기게 해 주셔서 앞으로 남은 사명을 성공적으로 감당하게 하시려는 것입니다.

** 하나님이 강조하시는 "강하고 담대하라"의 의미는 무엇입니까?

어떤 경우에도 하나님의 약속을 믿고 흔들리지 않으면 하나님께서 모든 것을 책임져 주신다는 언약, 약속입니다. 인간적인 배짱을 요구하신 것이 아닙니다. 하나님의 말씀(약속)을 붙잡는 방법을 가르쳐 주신 것입니다.

하나님께서는 강하고 담대하게 말씀을 붙드는 방법을 가르쳐 주셨습니다(7~9절).
◆ 그 율법을 다 지켜 행하고
◆ 좌로나 우로나 치우치지 말고
◆ 네 입에 떠나지 말게 하며
◆ 주야로 묵상하고
◆ 기록된 대로 다 지켜 행하라.

이는 주신 말씀대로만 행하라는 의미입니다. 하나님 말씀 외에는 그 누구의 말도 듣지 말라는 당부입니다. 한 순간도 하나님의 약속을 잊어버리지 말라는 격려입니다. 이렇게 하면 그 어떤 두려움도 이겨내고 형통하게 된다는 약속입니다(8~9절).

관점을 중심으로 청중 문제 해결

1. 우리에게도 강하고 담대하지 못하게 하는 것들이 있습니다.

나는 누구를 두려워합니까?
나는 무엇을 두려워합니까?
나는 어떤 경우에 두려워합니까?

* 두려움은 여러 가지 얼굴로 우리에게 다가옵니다.
걱정과 근심, 염려와 불안, 초조함, 공포…

* 이런 두려움들은 우리의 삶을 파괴합니다. 우리의 생각을 흔들고, 영적인 혼란을 일으키며, 심지어 우리를 육신의 질병 가운데 던지기도 합니다.

* 우리 중에는 이런 경험을 가진 사람들이 적지 않을 것입니다. 이런 경우 여러분은 어떻게 두려움을 이겨내셨습니까?

2. 강하고 담대할 때 두려움이 물러갑니다.
하나님은 두려움을 이겨낸 자를 사용하십니다. 두려움이 가득한 사람은 지도자가 될 수 없습니다. 아주 작은 사명도 감당할 수 없습니다.

* 우리도 두려움을 이겨내고 쓰임 받아야 합니다.
1) 자신의 연약함을 인정하십시오.
강한척하면 안 됩니다. 내가 무엇에 약한 자인가를 솔직히 고백하고 도움을 요청하십시오! 두려움은 혼자의 힘으로 극복하기 쉽지 않습니다.

2) 오직 순종만이 우리를 강하고 담대하게 합니다.
여기서 순종이란, 하나님의 방법대로 순순히 따르는 것입니다. 자신의 모든 것을 하나님의 방법에 굴복시키는 것입니다.
나를 굴복시키고 하나님의 방법을 붙들고 강하고 담대하게 시작하면 무슨 일이든지 할 수 있습니다.

* 두려움을 이기는 다섯 가지 방법에 순종하십시오!
1) 그 율법대로 다 지켜 행하라.
오직 말씀대로만 하면 됩니다. 말씀이 지시하는 대로 하면 됩니다. 말씀의 지시대로 최선을 다하면 두려움은 물러갑니다.

2) 좌로나 우로나 치우치지 말라.
누구의 말도 듣지 마십시오! 사람의 말을 듣고 흔들리면 더 큰 두려움이 찾아옵니다. 중심을 잃지 않아야 합니다. 사탄은 중심을 잃은 자를 겨냥합니다.

3) 네 입에 떠나지 말게 하라.
하루 종일 입에서 무엇인가를 중얼거리면 어떻게 될까요? 맞습니다. 그것에 사로잡혀서 살게 됩니다. 그것에 지배를 받게 됩니다. 매 순간 말씀에 이끌림을 당하면 두려움은 찾아 올 틈이 없습니다.

4) 주야로 묵상하라.
두려움은 낮과 밤을 가리지 않고 찾아옵니다. 두려움은 때와 장소를 가리지 않고 찾아옵니다. 그러므로 한순간도 말씀을 놓치면 안 됩니다.

5) 다 지켜 행하라.
이것은 지킬 수 있고, 저것은 지킬 수 없다는 내 생각을 버려야 합니다.
무조건 강하고 담대하게 모든 것을 다 지켜나가야 합니다. 하나님은 지키지 못할 것을 주신 적이 없습니다. 두려움이란 존재가 지킬 수 없다며 우리를 무너뜨리는 것입니다.

* 우리가 강하고 담대하게 말씀대로 나아갈 때에 설사 실수한다 해도 절대로 버리지 아니하시는 하나님이십니다.

9절 "내가 네게 명한 것이 아니냐 강하고 담대하라 두려워하지 말며 놀라지 말라 네가 어디로 가든지 네 하나님 여호와가 너와 함께하느니라"

청중의 결단

* 건강한 교회로 세워지려면,
지도자가 두려움을 극복하고 말씀의 키를 든든히 붙들어야 합니다. 지도자의 모습이 그 교회의 모습입니다.

* 나를 두렵게 하는 것에서 탈출하십시오!(-결단)

* 강하고 담대하게 말씀을 붙들고 승리를 경험하십시오!(+ 결단)

라합은 하나님이 어떤 분이신가를 확실히 들었고, 그
하나님을 온전히 믿었습니다. 그리고 여리고를 향한
하나님의 계획을 막을 수 없다는 것도 알았습니다.

1부 관점설교

2 | 수 2:1~21
정탐꾼과 기생 라합

JOSHUA

 하나님은 차별이 없으십니다. 멸망을 코앞에 둔 여리고 성의 기생 라합을 향한 하나님의 신실하심을 잊지 말아야 합니다.

*라합

 여호수아가 여리고 정탐을 위하여 두 사람을 보냈습니다. 이 시점에서 정탐꾼이 필요했던 것은, 여리고 지역의 동태를 살피려는 목적도 있었지만 하나님의 지시에 의한 것으로 생각됩니다. 한 가지 의문점은, 왜 두 사람만을 보냈을까요? 좀 더 많은 자들을 보내어 여러 곳을 살피게 했다면 더 정확하고 다양한 정보를 얻었을 것이고 또한 앞으로 전략을 세우는 데 큰 도움이 되었을 것입니다.

 여호수아가 이것을 모를 리 없었을 텐데 두 사람을 보낸 까닭이 무엇일까요? 그것은 과거 열 명의 정탐꾼이 백성들을 혼란케 하고 좌절시켰던 경험을 너무나 잘 알고 있었기 때문입니다. 두 정탐꾼은 여리고에 도착한 후 기생 라합의 집에 들어갔습니다. 곧이어서 여리고 수색대가 라합의 집에 들이닥쳤습니다. 그런데 라합이 전혀 생각하지 못한 행동을 합니다.

설교를 이끄는 관점

 이 두 정탐꾼을 숨겨준 것입니다.
 이 두 정탐꾼이 여리고 수색대에 발각되지 않은 것은 라합이 의도적으로 이들을 숨겨주었기 때문입니다. 라합의 입장에서 이들은 적군이며 그녀가 살고 있던 여리고의 동태를 살피러 온 자들입니다. 이런 자를 숨겨주는 것은 간첩행위입니다. 나라를 배신하는 행위입니다.

◆ 라합은 이런 사실을 전혀 모르는 여인이었을까요?
◆ 만일 알면서도 숨겨주었다면 무슨 이유로 이들을 살려준 것일까요?
◆ 두 정탐꾼을 숨겨준 사실이 발각된다면 자신과 가족 전체가 목숨을 부지하기 힘들 것입니다. 그런데 라합은 왜 이런 무모한 짓을 하였을까요?

이 두 정탐꾼을 숨겨준 라합은 숨겨준 대가를 요구합니다. 한마디로 두 정탐꾼들과 거래를 요청한 것입니다. 라합은 이스라엘이 공격해오면 여리고가 무너질 것을 알았습니다. 그래서 그들을 숨겨준 대가로 자신과 가족들을 보호해 달라고 요청합니다.

이상하지 않습니까?

* 여리고에 살던 이 여인은 이스라엘이 여리고를 무너뜨린다는 사실을 어떻게 알았을까요? 이런 사실을 미리 알고 있었다면 여리고 왕에게 고하여 자신의 나라를 살려야지, 나라가 망하도록 내버려두고 적군과 타협해서 자기만 살길을 찾다니 어떻게 이럴 수가 있습니까?

* 라합은 이 두 정탐꾼이 자신과 가족을 살릴 수 있다는 것을 무엇으로 확신했을까요? 믿을 만한 무슨 근거라도 있습니까?

* 라합이 정탐꾼들에게 약속을 지킬 것을 요구하면서 두 정탐꾼이 제시한 붉은 줄을 창문에 매어두겠다고 합니다.

이 여인의 집에만 붉은 줄을 창문에 매어서 성벽 아래로 늘어뜨려서 모두에게 보이도록 표시를 하겠다니 너무 위험한 생각이 아닙니까? 그냥 약속하면 되는 것인데 모두가 다 알도록 왜 이런 짓을 해야만 할까요?

** 왜 하필 붉은 줄입니까?

라합이 이런 일을 위하여 붉은 줄을 미리 준비라도 한 것입니까? 다른 사람들이 성벽 아래로 늘어진 이 붉은 줄을 볼 것인데 이들의 약속이 발각되지는 않을까요?

두 정탐꾼은 사흘 후 무사히 돌아갔고, 라합의 집에도 예전과 다름없는 생활이 지속됩니다.

두 정탐꾼은 여리고 지역을 돌아다니지도 못하고 라합의 집에서 위험을 무릅쓰고 며칠 동안 머물다 돌아온 것이 고작입니다. 라합과 두 정탐꾼의 이야기를 통하여 하나님께서 주시려는 메시지는 무엇입니까?

하나님의 목적을 중심으로 해결

하나님께서 이 라합에게 주목하시는 이유가 9~12절에 있습니다.

"말하되 여호와께서 이 땅을 너희에게 주신 줄을 내가 아노라 우리가 너희를 심히 두려워하고 이 땅 주민들이 다 너희 앞에서 간담이 녹나니 이는 너희가 애굽에서 나올 때에 여호와께서 너희 앞에서 홍해 물을 마르게 하신 일과 너희가 요단 저쪽에 있는 아모리 사람의 두 왕 시혼과 옥에게 행한 일 곧 그들을 전멸시킨 일을 우리가 들었음이니라 우리가 듣자 곧 마음이 녹았고 너희로 말미암아 사람이 정신을 잃었나니 너희의 하나님 여호와는 위로는 하늘에서도 아래로는 땅에서도 하나님이시니라 그러므로 이제 청하노니 내가 너희를 선대하였은즉 너희도 내 아버지의 집을 선대하도록 여호와로 내게 맹세하고 내게 증표를 내라"

이스라엘 백성들은 하나님을 직접 체험했음에도 불구하고 불신과 패역의 길로 갔지만 기생 라합은 하나님이 하신 일들을 간접적(소문)으로 들었음에도 하나님에 대한 분명한 믿음을 가졌고, 그 믿음으로 하나님이 보내신 두 정탐꾼들을 목숨 걸고 숨겨줌으로 하나님을 향한 살아있는 신앙과 구원의 열정을 보였기 때문입니다.

1. 이 여인은 하나님이 어떤 분이신가를 확실히 들었고, 그 하나님을 온전히 믿었습니다. 그리고 여리고를 향한 하나님의 계획을 막을 수 없다는 것도 알았습니다.

2. 이 여인은 믿음으로 여리고의 멸망을 대비했습니다.
어떻게 해야 자신과 온 가족 구원에 이를 수 있는지를 준비했습니다.

3. 이 여인은 믿음으로 두 정탐꾼을 자신을 구원하러온 구원의 사자로 영접했습니다.

* 그들을 받아들였습니다.
* 여리고 수색대를 따돌렸습니다. 이것은 의도된 것이었습니다.
* 지붕의 삼대를 벌려 놓고 대비했습니다.

** 도대체 여리고 수색대는 어찌 알고 라합의 집에 들이닥쳤을까요?
그 당시 여리고성의 보안수준이 아주 탁월했음을 보여주는 예입니다. 그러므로 이 여인은 정탐꾼이 자기 집에 들어왔다는 사실만으로도 수색대가 곧바로 쫓아올 것임을 알았을 것입니다.

** 라합의 집을 수색하지 않은 이유는 무엇일까요?
이 기생 라합은 여리고 지역에서 숨겨진 정보 전달원의 역할을 했습니다. 평소 기생 라합이 여리고 사람들에게 눈과 귀의 역할을 했습니다. 그러므로 여리고 사람들은 그녀의 말을 신뢰할 수 밖에 없었습니다.

4. 이 여인은 믿음으로 생명을 사모했습니다.
그녀는 목숨을 걸고 행동했습니다. 그만큼 이 여인은 구원의 열정이 강렬했고, 구원에 대한 확신도 강했습니다.

5. 이 여인은 믿음으로 언약의 증표로 붉은 줄을 매겠다고 했습니다. 도대체 붉은 줄이 무엇입니까?

라합이 제시했던 붉은 줄은 당시 옷이나 물건을 염색할 때 쓰이던 밧줄이었습니다. 당시는 액체인 염료를 이동할 수 없는 형편이었기 때문에 밧줄을 15cm 정도 잘라서 그 밧줄을 갖가지 색깔로 염색했습니다.

이렇게 염색된 밧줄을 옷이나 기타 물건들과 함께 물에 넣고 원하는 색으로 염색했습니다. 이 염색의 원료로 쓰이던 밧줄은 주로 성벽 높은 곳에서 만들어졌습니다.

당시 라합은 두 정탐꾼을 성벽 아래까지 달아 내릴 만큼 많은 줄을 가지고 있었습니다. 그리고 붉은 색 줄을 창문 밖으로 내려서 성벽 아래서도 보일 만큼 긴 줄이 염색되어 있었습니다(기록에 의하며 최소 9m 이상의 붉은 줄이 필요했을 것).

이 모든 정황을 정리해보면 라합은 염료를 만드는 일에 종사했을 가능성이 매우 높습니다.

우리는 라합이 복음(하나님에 대한 소문)을 듣고 그녀의 직업이 바뀌었을 것이라 생각할 수 있습니다.

이 붉은 줄은 복음을 듣고 구원을 열망하는 그녀에게 두 정탐꾼, 즉 전도자들이 제시한 구원의 유일한 길이었습니다. 이 붉은 줄은 여리고가 멸망에 처할 때 구원을 얻는 유일한 표징이었습니다.

** 붉은 줄에 대한 일반적인 견해

이 본문을 '구속사에 근거한 부분으로만 제한할 것인가? 아니면 하나님의 언약을 근거한 부분으로 볼 것인가?'에 대해서 생각해 볼 필요가 있습니다.

이 부분은 유월절 사건과 너무도 유사하게 제시되었습니다.

관점을 중심으로 청중 문제 해결

1. 라합을 보면서 무슨 생각을 했습니까?

그녀는 여리고성과 함께 자신과 가족들 모두가 멸망에 처할 수밖에 없는 현실을 눈앞에 두고 있었습니다. 그녀의 결단과 행동은 자신과 가족들을 임박한 멸망에서 구원했습니다.

* 그녀가 감당했을 그 위험한 순간들이 상상이나 됩니까?
* 내가 이 여인과 같은 처지였다면 나는 어떤 결정과 행동을 했겠습니까?
* 나는 유혹(갈등) 앞에서 어떤 모습입니까?
  숨길 것인가? 아니면 숨긴 것을 가리켜 줄 것인가?
* 나는 가족들을 위해서 어떤 결정을 합니까?
  가족들의 생명을 위하여 어떤 결단을 하였습니까?

2. 하나님의 언약은 신실하십니다.

하나님은 차별이 없으십니다. 우리는 멸망을 코앞에 둔 여리고성의 기생 라합을 향한 하나님의 신실하심을 잊지 말아야 합니다.

두 정탐꾼은 여리고성을 탐지하러 간 것이 아닙니다. 구원의 하나님을 향하여 믿음을 가지고 기다리는 이 여인에게 구원의 길을 열어주시려고 보낸 것입니다.

1) 어떤 경우에도 믿음을 잃지 마십시오!(히 11:31)
"믿음으로 기생 라합은 정탐꾼을 평안히 영접하였으므로 순종하지 아니한 자와 함께 멸망하지 아니하였도다"

구원은 오직 믿음으로만 가능합니다. 이 여인 자신과 가족들의 구원을 위하여 믿음으로 두 정탐꾼을 영접하고 그의 지시를 따랐습니다.

* 구원은 두 정탐꾼이 제시한 방법 외에는 없습니다. 오늘 우리에게도 구원의 길은 오직 한 가지 뿐입니다.
지금 구원의 길을 제시합니다(요 14:6, 행 4:12, 행 16:31).

2) 세속된 것으로부터 자신을 지키십시오.
우리는 이 여인이 두 정탐꾼이 제시한 구원의 길을 붙잡고 자신과 가족들이 구원에 이르기까지 함부로 행동하지 않았음을 짐작할 수 있습니다.
구원 받은 자들은 두렵고 떨림으로 그날의 영광을 놓치지 말아야 합니다. 지금 나를 세속화하려는 것들로부터 얼마나 나를 지키고 있는가를 살펴야 할 때입니다.

이 이방 여인의 변화는 유대인들을 충분히 부끄럽게 하는 부분입니다.

3) 하나님은 반드시 약속을 지키십니다.
여리고 성이 진멸되던 날 약속대로 라합의 가정을 구원하셨던

신실하신 하나님을 잊지 마십시오!(수 6:22~25)

청중의 결단

　건강한 교회는 주변에 숨겨진 라합을 구원하기 위해서 두 정탐꾼을 보내는 교회입니다.
　지금은 구원의 손길을 기다리는 숨겨진 라합들이 우리교회 주변과 내 가족들 중에 있습니다.
　이제 이들을 구원하기 위해서 우리(교회)가 나아가야 할 때입니다.

여호수아의 믿음을 보시고 하나님은 즉시 응답하셨습니다. 이전에 모세를 통하여 홍해를 가르신 것처럼 여호수아를 통하여 요단을 가르심으로 여호수아와 함께 하시는 하나님을 알게 하셨습니다.

1부 관점설교

3 | 수 3:7~14

요단을 건너라

 하나님은 어떤 문제도 능히 해결 하실 수 있습니다. 하나님은 문제를 만난 자가 어떤 믿음의 사람인가를 주목하십니다.

* 요단

드디어 광야생활의 끝이 보입니다. 지금 이스라엘 백성들은 그 끝자락에 서있습니다. 요단은 광야생활의 끝이자 새로운 생활을 시작하는 시점입니다.

요단은 "내려가는 자"라는 뜻입니다. 요단강은 갈릴리 바다에서 사해 바다까지 약 300m 정도 경사져서 흐르는 강입니다. 범람 시에는 시속 16km 속도로 물살이 빨라진다고 합니다. 그 넓이는 20~30m 정도 되는데 인간의 힘으로는 쉽게 건널 수 없는 곳입니다.

지금 요단 앞에 서있는 이들은 홍해를 건넌 세대가 아닙니다.
눈앞에 범람하는 요단강을 바라보면서 이들이 무슨 생각을 했을지 쉽게 짐작할 수 있습니다. 그저 바라만 볼 뿐 아무도 뾰족한 대안을 내지 못하고 주저하고 있을 때 여호수아의 지시가 내려졌습니다.

설교를 이끄는 관점

6절 "여호수아가 언약궤를 멘 제사장을 따라서 요단 물속으로 들어가라!"

지금 요단의 물은 아구까지 찼습니다.

15절을 보십시오!

지금은 요단을 건널 시기가 아닙니다. 더구나 아무런 대책도 없이 언약궤를 멘 제사장을 따라서 물속에 들어가라니 이런 무모한 말이 어디 있습니까?

* 앞에서 말했듯이 지금은 추수시기로 요단의 물이 가득 차서 넘치는 상태입니다. 누구도 함부로 들어가서는 안 됩니다. 물의 양이 늘어난 것뿐 아니라 물살이 빨라지는 시기라서 아주 위험합니다.

* 더구나 한두 명도 아니고 이 많은 사람들이 일제히 물속에 들어간다면 더 많은 물이 넘쳐서 위험이 몇 배나 더 증가될 것입니다. 어린아이나 노약자가 있다면 사정은 더 심각해집니다.

* 언약궤를 멘 제사장을 따르는 것은 요단을 건너는 방법이 될 수 없습니다.

안전하게 요단을 건널 수 있는 구체적인 방안을 제시해야지 무작정 언약궤를 멘 제사장을 따라서 강 속으로 들어간다면 맨 먼저 화를 당할 자는 언약궤를 멘 제사장들이 될 것입니다.

* 지금이 가장 위험한 시기입니다. 그렇다면 좀 더 시간을 두고 요단의 물이 안정된 후에 건너면 위험을 좀 더 줄일 수 있습니다. 왜 하필 가장 위험한 시기에 건너라고 합니까?

하나님의 목적을 중심으로 해결

여호수아는 이미 홍해를 건너게 하신 하나님을 체험했습니다. 여호수아는 그 하나님께서 요단을 건너게 하실 것에 대한 믿음이 있었습니다.

그래서 그는 그의 믿음을 먼저 고백하고 온 백성이 그의 믿음을 따라서 행동하게 함으로 하나님께서 그의 믿음을 보시고 움직이시도록 신앙을 보인 것입니다.

1. 관리들을 통하여 모든 백성에게 여호수아의 믿음을 알리고 온 백성이 이 믿음으로 하나 되어 행동하게 했습니다(2~4절).

2. 믿음으로 백성을 성결하게 함으로 하나님께 집중하게 하였습니다(5절).

3. 언약궤를 멘 제사장들을 선두로 모든 백성이 믿음으로 요단에 들어서게 했습니다(6절).

이런 여호수아의 믿음을 보시고 하나님은 즉시 응답하셨습니다. 이전에 모세를 통하여 홍해를 가르신 것처럼 여호수아를 통하여 요단을 가르심으로 여호수아와 함께 하시는 하나님을 알게 하셨습니다.

하나님께서는 여호수아의 믿음대로 요단을 건너게 하셨습니다(13~17절).
* 제사장의 발이 요단에 잠기자 흐르던 물이 그쳤습니다.
* 요단의 바닥이 마른 땅처럼 변했습니다.
* 모든 이스라엘은 마른 땅을 걷는 것처럼 요단을 건넜습니다.

관점을 중심으로 청중 문제 해결

1. 나는 어떤 믿음의 사람입니까?

이 땅을 사는 우리는 문제를 피할 수 없습니다. 매일 반복되는 문제 속에서 하루하루 지치고 힘들게 살아가는 것이 우리의 현실입니다. 나만 겪는 고통이 아닙니다. 문제의 종류만 다를 뿐 문제 없이 사는 사람은 단 한 사람도 없습니다. 중요한 것은 문제를 만났을 때 나는 어떤 식으로 문제를 해결하고 있는지를 알아야 합니다.

* 믿음의 사람으로 나는 문제 앞에서 어떤 말과 행동을 합니까?

때로는 우리의 말이 문제보다 더 큰 문제가 될 때가 있습니다.
지금 나는 어떤 말로 문제를 해결해 나가는지를 점검해야 할 때입니다.

* 문제 앞에서 나는 무엇을 가장 중요하게 여기고 행동합니

까?

무엇을 붙잡고, 무엇을 놓아야 하는지를 분별해야 합니다.
무분별한 말과 행동은 문제를 더 크게 할 수도 있습니다.

* 문제 앞에서 지난날의 신앙 체험들이 얼마나 영향을 미치고 있습니까?

문제 앞에 선 순간 많은 신앙인들이 이전에 경험했던 하나님의 손길을 까마득하게 잊어버립니다. 이런 신앙인의 모습을 주변에서 자주 볼 수 있습니다. 특히 직분자들의 이런 모습은 좋지 않은 영향을 줍니다.

문제를 이겨야 합니다. 신앙으로 문제를 해결해야 합니다.
문제를 극복하지 못하면 더 큰 문제에 빠지게 됩니다.
분명한 것은 해결되지 않는 문제는 없습니다.

2. 흔들리지 않는 믿음을 보여주십시오!

하나님은 믿음의 사람들을 찾아오십니다. 하나님께는 어떤 문제인지가 중요하지 않습니다. 하나님은 어떤 문제도 능히 해결하실 수 있습니다. 하나님은 문제를 만난 자가 어떤 믿음의 사람인가를 주목하십니다.

1) 무모한 것과 신앙(믿음)을 분별하십시오.

믿음을 앞세운 무모한 행동들을 금해야 합니다. 신앙을 가장

한 무모한 행동들이 교회와 성도들을 도탄에 빠뜨리고 있습니다. 특히 지도자들의 이런 모습은 아주 위험하기 짝이 없습니다.

2) 과거의 시간에 사로잡히지 말고 지금 역사하시는 하나님을 붙드십시오.

지금은 모세의 하나님이 아닙니다. 모세에게 역사하셨던 하나님이십니다. 지금은 여호수아의 하나님이십니다. 모세와 함께 하셨던 그 하나님이 지금 여호수아의 하나님이십니다. 여호수아에게 역사하셨던 그 하나님이 지금 나의 하나님이셔야 합니다.

지금 역사하시는 하나님을 만나십시오!
이전에 역사하셨던 그 하나님께서 지금도 역사 하시도록 믿음을 보이십시오!

3) 하나님은 지금도 요단을 멈추십니다.
하나님은 지금도 살아계셔서 믿음의 사람들 앞에 있는 크고 작은 요단을 멈추고 계십니다.

청중의 결단

건강한 교회는 믿음을 앞세운 교회입니다. 과거의 신앙을 기반으로 당면한 문제들을 믿음으로 이겨내는 교회입니다.
그러니 건강한 교회는 요단이 갈라지는 이적들이 계속됩니다.

건강한 교회는 요단을 가르는 교회입니다.

건강한 성도는 은혜 안에서 믿음으로 흔들리지 않는 자입니다. 요단을 바라보지 말고 믿음으로 건너가는 교회, 건너가는 성도가 됩시다!

하나님의 목적은 하나입니다. 열두 돌을 세워서 요단을 건너게 하신 하나님을 잊지 않게 하시려는 것입니다.

1부 관점설교

4 | 수 4:1~14

네 발이 선 곳에서

JOSHUA

하나님께서는 오늘 삶의 현장과 내 신앙의 가슴 안에 이 돌을 세우기 원하십니다.

* 열두 돌

▶ 설교에 들어가기 전에

본문은 하나님과 백성들 사이에 요단을 건넌 증거를 세우는 과정을 설명한 내용입니다. 관점에 따라서 본문을 다루려는 설교자의 의도가 다양하게 나타날 수 있지만 하나님의 목적은 하나입니다. 열두 돌을 세워서 요단을 건너게 하신 하나님을 잊지 않게 하시려는 것입니다.

백성들이 이 열두 돌을 볼 때마다 하나님의 기적을 떠올리며 자신과 가까이 계신 하나님을 붙들게 하시려는 것입니다. 문제는 이 열두 돌이 세워지는 과정을 통하여 어떻게 하나님의 목적을 현 청중들의 삶과 연결할 것인지를 고민해야 합니다.

▶ 본문의 의문점들

1. 요단을 건너게 하신 하나님의 방법입니다.
언약궤를 맨 제사장들의 발이 들어서는 순간 요단이 마른 땅과 같이 되었습니다.
이 과정에서 몇 가지를 생각할 수 있습니다.
* 얼마 동안 요단이 마른 땅처럼 있었을까?
* 이 시간 동안 제사장들에게 생길 수 있는 문제들은 무엇인

가?

2. 왜 하필 하나님께서 제사장들의 발이 선 곳의 돌을 취하라고 하셨는가?
  * 전부 몇 개의 돌을 취한 것인가? (1980년 이전과 이후)
  * 제사장의 발이 선 곳에 세운 것과 길갈에 세운 것은 같은 돌인가 다른 돌인가?

3. 요단 물 안에 세운 돌과 길갈에 세운 돌은 같은 의미인가 다른 의미인가?
  그렇다면 이 두 곳에서 어떤 의미를 찾아야 하는가?
  (제사장 발 곁 - 여호수아, 오직 한 번 언급/ 4~3~2~2~1)

4. 각 지파의 대표들이 취한 돌을 하룻밤 그들이 유숙한 곳에 두게 하신 이유가 있을까?

이제 한 가지만 해결하면 40여 년의 광야생활이 마무리됩니다. 바로 요단강을 건너는 일입니다. 3:15절을 보면 마침 이들이 요단에 도착한 시기는 요단의 물이 언덕까지 넘치는 시기였습니다. 사람의 수단과 방법으로 요단을 건너는 것이 쉽지 않은 상황이란 뜻입니다.

이제 요단만 건너면 되는데, 넘쳐나는 요단의 물살을 바라보면서 백성들은 무슨 생각을 했겠습니까? 모두가 절망이란 단어를 머릿속에 떠올 때 하나님은 여호수아를 통하여 특별한 방법으로 요단을 건너게 하셨습니다.

3:17 "여호와의 언약궤를 멘 제사장들은 요단 가운데 마른 땅에 굳게 섰고 그 모든 백성이 요단을 건너기를 마칠 때까지 모든 이스라엘은 그 마른 땅으로 건너갔더라"

어느 누가 이런 일을 상상이나 했겠습니까?
그 시간 그 곳에서 요단을 건너던 사람들도 자신들이 지금 어떤 일을 체험하고 있는지를 실감하지 못했을 것입니다. 그 백성들이 요단을 건너는 동안 언약궤를 멘 제사장들은 처음 발이 선 곳에서 꼼짝도 하지 않았습니다.

설교를 이끄는 관점

모든 백성들이 건너기를 마치매 여호와께서 여호수아에게 이런 말씀을 하십니다. 각 지파에서 한 사람씩 열두 사람을 택하여 제사장들이 선 곳의 돌 열두 개를 택하라고 하십니다(2~3절).

"그들에게 명령하여 이르기를 요단 가운데 제사장들의 발이 굳게 선 그 곳에서 돌 열둘을 택하여 그것을 가져다가 오늘밤 너희가 유숙할 그 곳에 두게 하라 하시니라"(8절)

"여호수아가 또 요단 가운데 곧 언약궤를 멘 제사장들의 발이 선 곳에 돌 열둘을 세웠더니 오늘까지 거기에 있더라"(9절)

이 상황을 보면서 몇 가지 의문점을 지울 수 없습니다.

* 그 많은 백성들이 건너는 동안 언약궤를 맨 제사장들은 요단 한가운데 꼼짝도 못하고 서있었습니다. 그런데 8절을 보면 각 지파의 대표들이 그들이 취한 돌을 들고 자기 진영으로 돌아갔습니다. 왜 이런 일을 하게 하신 것일까요?

* 그런데 여호수아가 또 다시 돌을 취하여 제사장들이 선 곳에 세웁니다. 제사장들 선 곳에 이 돌을 세우는 이유는 무엇입니까?(9절)

그 곳은 요단의 물 속 한가운데입니다. 누가 와서 그 돌을 본다고 그 곳에 세우는 것입니까? 6절에서 말한 대로 표징이 되게 하려면 물 밖에 모두가 잘 보이는 곳에 세워야 되지 않겠습니까? 7절에 강조한 것처럼 이스라엘 자손에게 영원히 기념이 되게 하려면 이 방법은 합리적이지 못합니다.

* 지금은 요단의 물이 언덕까지 넘치는 시기입니다.

한시라도 빨리 그 곳을 벗어나는 것이 상식입니다. 돌을 세우는 일이 생명을 지키는 일보다 귀하지 않습니다. 18절을 보면 제사장들이 요단에 올라오자마자 또다시 언덕까지 물이 넘쳐났습니다. 결국은 요단에 세운 열두 돌의 흔적을 찾을 수 없게 된 것입니다.

* 19~20절을 보면 요단에서 올라온 백성들이 길갈에 열두 돌을 세웁니다.

그렇다면 요단 안에 세운 돌과 길갈에 세운 돌을 합하면 열두 돌이 아니라 스물 네 개의 돌이 이라는 것인데 맞는 것입니까?

도대체 이 돌을 그 곳에 세우는 것이 왜 그리 중요합니까?
여러분은 이 상황이 이해가 되십니까?

하나님의 목적을 중심으로 해결

하나님이 하시는 일은 전부 이유가 있으십니다. 우리는 하나님이 하시는 일을 이해하려고 하면 안 됩니다.
우리는 하나님이 하시는 모든 일을 무조건 '아멘'으로 받아들여야 합니다. 아멘하지 않고 자신이 이해하려고 하면 그 신앙은 문제와 시험이 떠나지 않습니다.
하나님은 그 긴급하고 중요한 시간에 이런 일을 아무런 이유도 없이 하실 분이 절대 아니십니다.

요단을 건너기 전 각 지파에게 열두 돌을 취하게 하신 이유가 무엇일까요?
이유가 본문에 이미 나와 있습니다.

6~7절 "이것이 너희 중에 표징이 되리라 후일에 너희의 자손들이 물어 이르되 이 돌들은 무슨 뜻이냐 하거든 그들에게 이르기를 요단 물이 여호와의 언약궤 앞에서 끊어졌나니 곧 언약궤가 요단을 건널 때에 요단 물이 끊어졌으므로 이 돌들이 이스라

엘 자손에게 영원히 기념이 되리라 하라 하니라"

후일에 자손들이 이 일을 잊지 않도록 기념비를 세워서 요단을 건넌 표징을 남겨두시려는 것입니다. 하나님과 백성들 사이에 언약을 맺으신 것입니다. 이 언약은 하나님의 일방적인 언약입니다.

이 언약을 돌을 세워서 하신 이유는 "기념하라, 잊지 말고 볼 때마다 기억하라"는 의미입니다. 이 돌을 보면서 요단의 기적을 주신 하나님을 기억하고 신앙할 때마다 또 다른 요단의 기적들을 주신다는 하나님편에서의 언약, 약속입니다.

1. 그런데 왜 이 돌을 하룻밤 같이 숙소에서 지내게 하셨을까요?

모든 백성들이 하나님께서 자신에게 행하신 일들을 생각하게 하신 것입니다. 각 지파마다 자신들이 취한 돌 위에 무엇을 새겨서 그 곳에 세울 것인가를 밤새도록 생각하게 하신 것입니다.

2. 왜 언약궤를 맨 제사장들이 선 곳입니까?

왜 요단 물속 그 곳에 세우게 하신 것일까요? 은혜를 잊어버리고, 배은망덕한 짓을 일삼는 인간의 습성을 너무도 잘 아시는 하나님은 그 백성들에게 구원의 장소, 기적의 현장을 영원히 기억하라는 말씀입니다.

3. 열두 개입니까? 스물네 개입니까?

제사장들의 발이 선 곳의 돌은 각 지파의 대표들이 가지고 가서 유숙하고 길갈에 세웠습니다. 그리고 제사장 발이 선 곳, 그 열두 돌을 취한 곳에 여호수아가 다른 돌 열두 개를 취하여 그 열두 돌을 취한 자리에 세웠습니다.

하나님은 각 지파가 취한 열두 돌과 똑같은 의미로 요단 안에 열두 돌을 세운 것입니다.

요단의 물이 범람할 때 술 안에 감추어졌던 열두 돌은 건기가 되면서 물이 줄어들 때 그 모습이 나타납니다. 이는 백성들의 고단한 삶을 아시고 그때마다 이 열두 돌을 통하여 힘을 주시려는 하나님의 특별한 섭리입니다.

하나님은 그 백성들과 열두 돌의 언약을 요단의 물 안과 길갈에 세우셨습니다.

관점을 중심으로 청중 문제 해결

사랑하는 여러분!

1. 우리에게도 요단을 건너게 하신 은혜가 있습니다.

우리의 힘으로 도저히 해결할 수 없는 일들을 하나님께서 해결해 주셨습니다. 그 결과 수없이 많은 위기를 이기면서 여기에 앉아 있습니다. 돌아보십시오! 여기까지 오는 동안 요단을 건너게 하신 은혜가 한두 번이 아닙니다. 그때 우리는 얼마나 감격하고 기뻐했습니까! 구원의 감격, 치유의 감격, 응답의 감격….

그렇다면 그 은혜를 증거할 만한 열두 돌이 지금 우리에게 남아있습니까? 지금도 그 감격과 기쁨이 고스란히 남아있습니까? 당신과 주변에 있는 사람들이 당신이 세워 둔 그 열두 돌을 바라보면서 하나님의 살아계심을 듣고, 보고 있습니까?

2. 아직 늦지 않았습니다. 지금이라도 열두 돌을 세워야 합니다.

지금 내가 이 돌을 세우지 않으면 나도, 내 후손들도 하나님을 잊을 수 있습니다. 하나님께서는 오늘 내 삶의 현장과 내 신앙의 가슴 안에 이 돌을 세우기 원하십니다.

1) 하나님께서 주신 은혜를 기억하고 잊지 않는 것이 열두 돌을 세우는 것입니다.

그동안 하나님께서 주신 은혜를 잊고 살아왔다면 매일 매일 그 은혜와 기적들을 다시 한 번 되새김 하기를 바랍니다.

2) 돌을 세우는 것은 하나님께서 주신 은혜를 구체적으로 고백하고 행동하는 것입니다.

오늘부터 곧바로, 그 은혜의 자리에서 받은 은혜와 기적들을 고백함으로 우리도 돌을 세웁시다. 은혜가 임한 순간 입으로 감사하고, 감사의 예물을 드려서 증거를 삼음으로 하나님께서 보시도록 감사의 돌을 세웁시다.

3) 하나님은 우리가 그 자리에서 감사의 돌을 세울 때 더 많은

요단을 해결하십니다. 못하실 일이 없으신 하나님의 기적과 이적이 감사의 돌이 세워질 때 더 강하게 임하십니다.

청중의 결단

건강한 교회는 감사의 신앙과 증거들이 날마다 나타나는 교회입니다. 은혜가 임하고 그 은혜의 결과들이 신앙과 삶으로 고백되고 행동하는 교회는 요단의 돌이 세워지는 교회입니다.
예수님이 서신 발 앞에 내 인생 다할 때까지 감사의 돌을 세웁시다!

대제사장이신 예수님은 내가 요단을 건너도록 끝까지 십자가 위에서 목숨을 다 바쳐서 건져주셨습니다. 그 은혜의 결과로 내가 구원 얻고 요단을 건넌 것입니다. 그 은혜를 아는 자라면 절대로 감사하지 않을 수 없습니다. 감사의 돌이 없는 신앙은 약속을 저버린 신앙입니다. 하나님과 교통이 끊어진 신앙, 죽은 신앙입니다.
날마다 감사, 매 주일 감사로 내 신앙과 삶에 돌을 세웁시다.

◈ 12돌에 대한 근거들

ESV Joshua 3:

1. Then Joshua rose early in the morning and they set out from Shittim. And they came to the Jordan, he and all the people of Israel, and lodged there before they passed over. _요단 건너기 전 상황

2. Att he end of three days the officers went through the camp

3. and commanded the people, "As soon as you see the ark of the covenant of the LORD your God being carried by the Levi tical priests, then you shall set out from your place and follow it.

4. Yet theres hall bea distance between you an dit, about 2,000 cubit sin length. Do not come near it, in order that you may know the way you shall go, for you have not passed this way before."

5. Then Joshua said to the people,
"Consecrate yourselves, for tomorrow the LORD will do wonders among you."

6. And Joshua said to the priests, "Take up the ark of the covenant and pass on before the people." So they took up the ark of the covenant and went before the people. _하루가 지남

7. The LORD said to Joshua, "Today I will begin to exalt you in the sight of all Israel, that they may know that, as I was with Moses, so I will be with you.

8. And as for you, command the priests who bear the ark of the covenant,
'When you come to the brink of the waters of the Jordan, you shall stand still in the Jordan.'"

9. And Joshua said to the people of Israel,
"Come here and listen to the words of the LORD your God."

10. And Joshua said, "Here is how you shall know that the living God is among you and that he will without fail drive out from before you the Canaanites, the Hittites, the Hivites, the Perizzites, the Girgashites, the Amorites, and the Jebusites.

11. Be hold, the ark of the covenant of the Lord of all the ear this pass in go ver be fore you in to the Jordan.

12. Now there fore take twelve men from the tribes of Israel, from each tribe a man. _요단 건너기 전에 명령함

13. And when the soles of the feet of the priests bearing the ark of the LORD, the Lord of all the earth, shall rest in the waters of the Jordan, the waters of the Jordan shall be cut off from flowing, and the waters coming down from above shall stand in one heap." _디렉션을 준 것

14. So when the people set out from their tents to passover the Jordan with the priests bearing the ark of the coven ant before the people

15. and as soon as those bearing the ark had come as far as the Jordan, and the feet of the priests bearing the ark were dipped in the brink of the water(now the Jordan overflows all its banks throughout the time of harvest),

16. the waters coming down from above stood and rose up in a heap very far away, at Adam, the city that is beside Zarethan, and those flowing down toward the Sea of the Arabah, the Salt Sea, were completely cut off. And the people passed over opposite Jericho. _백성들은 건너감

17. Now the priests bearing the ark of the coven ant of the LORD stood firmly on dry ground in the midst of the Jordan, and all Israel was passing over on dry ground until all the nation finished passing over the Jordan. _제사장 서 있는 것을 다시 한 번 묘사함

ESV Joshua 4:

1. When all the nation had finished passing over the Jordan, the LORD said to Joshua, _건넌 후에 다시 물 있던 강바닥으로 들어가는 열두 명

2. "Take twelve men from the people, from each tribe a man,

3. and command them, saying, 'Take twelve stones from here out of the midst of the Jordan, from the very place where the priests' feet stood firmly, _서 있는 현재 상황이 중요한 것이 아니라 서 있었던 그 장소, 그 공간성이 더 중요 and bring them over with you and lay them down in the place where you lodge tonight."

4. Then Joshua called the twelve men from the people of Israel, whom he had appointed, a man from each tribe.

5. And Joshua said to them, "Pass on before the ark of the LORD your God into the midst of the Jordan, and take up each of you a stone upon his shoulder, according to the number of the tribes of the people of Israel,

6. that this may be a sign among you. When your children ask in time to come, 'What do those stones mean to you?'

7. then you shall tell them that the waters of the Jordan were cut off before the ark of the covenant of the LORD. When it passed over the Jordan, the waters of the Jordan were cut off. So these stones shall be to the people of Israel a memorial forever."

8. And the people of Israeldid just as Joshua commanded and

took up twelve stones out of the midst of the Jordan, according to the number of the tribes of the people of Israel, just as the LORD told Joshua. And they carried them over with them to the place where they lodged and laid them down there. _이거 먼저 다 설명하기 위해 일단 하룻밤이 지난 상황까지 설명하는 것

9. And Joshua set up twelve stones in the midst of the Jordan, in the place where the feet of the priests bearing the ark of the coven ant had stood; and the yare there to this day. _10절부터 또 다시 그 이야기를 묘사해서 들려주는데 이번에는 건너는 사람들에게 초점을 맞추어서 설명

10. For the priests bearing the ark stood in the midst of the Jordan until everything was finished that the LORD commanded Joshua to tell the people, according to all that Moses had commanded Joshua. The people passed over in haste.

11. And when all the people had finished passing over, the ark of the LORD and the priests passed over before the people. _하룻밤이 지난 때가 아니라는 사실을 이야기함. 백성들은 급하게 요단강을 건넜고.. 제사장들이 아직 강바닥에 서 있을 때 열두 명이 다시 강바닥으로 들어가서 돌들을 하나씩 가지고 나왔고; 또 여호수아는 아직 제사장들이 서 있어서 강바닥이 말라 있을 때에 거기에 열두 돌을 세운 것. 이 모든 것이 다 끝난 후의 일을 이야기 하고 있음

12. The sons of Reuben and the sons of Gad and the half~tribe of Man ass eh passe dover armed before the people of Israel, as Mose shad told them.

13. About 40,000 ready for war passed over before the LORD for battle, to the plains of Jericho. _이것은 그중에서도 또 2.5 지파에 대해 묘사

14. On that day the LORD exalted Joshua in the sigh to fall Israel, and they stood in awe of him just as they had stood in awe of Moses, all the days of his life. _이것은 전체적인 요약: 여호수아가 어떻게 권위를 갖게 되었는지…

15. And the LORD said to Joshua _이것은 이제 요단강이 다시 합쳐지는 장면을 묘사하는 부분

16. "Command the priests bearing the ark of the testimony to come up out of the Jordan."

17. So Joshua commanded the priests, "Come up out of the Jordan."

18. And when the priests bearing the ark of the covenant of the LORD came up from the midst of the Jordan, and the soles of the priests' feet were lifted up on dry ground, the waters of the Jordan returned to their place and overflowed all its banks, as before. _앞에 갈라졌을 때처럼 여러 개의 동시 상황을 급박하게 묘사

19. The people came up out of the Jordan on the tenth day of the first month, _다시 전체적인 요약을 역사적 연대기 차원에서 묘사 and they encamped at Gilgal on the east border of Jericho.

20. And those twelve stones, which they took out of the Jordan, Joshua set up at Gilgal.

21. And he said to the people of Israel, "When your children ask their fathers in times to come, 'What do these stones mean?'

22. then you shall let your children know, 'Israel passed over this Jordan on dry ground.'

23. For the LORD your God dried up the waters of the Jordan for you until you passed over, as the LORD your God did to the Red Sea, which he dried up for us until we passed over,

24. so that all the people soft he earth may know that the hand of the LORD is mighty, that you may fear the LORD your God forever."

(Jos 3:1~24 ESV)

1. 제사장들은 밤새 요단강에 있지 않았다. 요단강이 갈라졌다가 다시 합쳐진 시기도 하룻밤이 지날 정도로 길지 않았다. 이 모든 일들은 믿기지 않을 정도로 아침부터 저녁까지의 하루 동안에 일어났는데 그 이유는 백성들이 서둘러 요단강을 건넜기 때문이다. 요단강은 이틀 동안 갈라져 있지 않았다.

2. 언약궤를 멘 제사장들은 이 기적의 처음과 끝을 장식한다. 즉, 그들의 발이 물에 닿았을 때 시작하고 모든 것이 그 물에서 나왔을 때 끝난다. 24개의 돌을 요단강 바닥에서 빼낸 사건은 따라서 이 하루 동안 제사장들이 서 있을 사이에 일어난 것이다.

3. 열두 명은 다시 건너왔던 요단강 바닥으로 들어간다. 그곳은 아직 말라 있고, 거기에는 열두 제사장들이 언약궤를 메고 서 있다. 그들은 그 돌들을 들고 나온다. 그리고 여호수아도 제사장이 서있는 동안 들어가서 제사장이 서있던 곳에 돌이 패인 그 곳에 다시 돌을 하나씩 심어 놓는다.

4. 다음날, 이제 아침이 되었을 때 길갈이라는 곳에 머물던 이스라엘 백성들에게 하나님은 가져온 돌들을 세우라고 명하시고 그것이 기념이 된다.

요단을 건넌 후 길갈에서 할례를 행함으로 애굽의 모든 수치를 근본적으로 제거하시고, 새로운 세계, 즉 가나안의 복을 당당히 누리게 하셨습니다.

1부 관점설교

5 | 수 5:2~9

잃어버린 것들 - 할례

JOSHUA

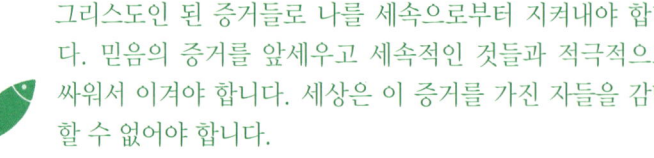
그리스도인 된 증거들로 나를 세속으로부터 지켜내야 합니다. 믿음의 증거를 앞세우고 세속적인 것들과 적극적으로 싸워서 이겨야 합니다. 세상은 이 증거를 가진 자들을 감당할 수 없어야 합니다.

※ 할례

요단을 건넌 백성들이 여리고성을 눈앞에 두고 있습니다.
언제 어떤 위기가 닥쳐올지 모르는 상황입니다.
이런 긴박한 상황에서 하나님의 예상치 못한 지시가 내려졌습니다.

2절 "그 때에 여호와께서 여호수아에게 이르시되 너는 부싯돌로 칼을 만들어 이스라엘 자손들에게 다시 할례를 행하라 하시매"

설교를 이끄는 관점

할례가 무엇입니까?
남자의 생식기에서 포피를 베어내는 의식입니다. 이렇게 할례를 행했던 장소의 이름이 기브앗 하아랄로트인데, '포경피의 언덕 산'이란 뜻입니다. 이는 얼마나 많은 사람들이 할례를 받았는지 상상할 수 있습니다.

보통 남자들은 이 할례의식을 행한 후 3~7일 정도는 아주 고통이 심하기 때문에 불편하게 행동할 수밖에 없습니다. 그러므로 할례를 모든 남자들에게 일시적으로 행한다는 것은 아주 위험할 수 있습니다.

* 모든 남자들이 할례로 인하여 거동이 불편한 것을 알고 이때 주변 나라들이 급습한다면 큰 위기가 될 수 있습니다.

* 지금 시급한 일은 여리고성의 문제를 해결하는 것입니다.
이런 시점에서 남자들이 거동하는 데 불편함을 느낀다면 여리고성 공략에 큰 차질이 있을 것입니다.

* 할례를 행할 때 목숨을 잃을 수도 있습니다.
당시의 위생 상황이나 여러 여건들을 고려할 때 할례로 인하여 목숨을 잃을 수 있습니다. 앞으로의 행보를 생각할 때 한 사람의 몫이 귀중한 상황에서 이 위험한 할례를 왜 행하라고 하시는지 이해할 수 없습니다.

하나님의 목적을 중심으로 해결

하나님께서 할례를 요구하시는 아주 특별한 의미가 있습니다.
가나안을 점령하는 것은 단순히 군사적이고, 지리적인 의미만 있는 것이 아닙니다. 하나님과의 관계 즉 종교적인 의미를 가진 사건입니다. 할례는 하나님과의 언약관계를 증거하는 의식입니다(창 17:13~14).

그동안 이스라엘 백성들은 하나님의 언약을 잊고 살아왔습니다. 여기서 언약을 잊었다는 것은 하나님을 잊고 살았다는 것입니다. 입으로는 하나님을 말하지만 이들의 삶 속에서 언약(할례)을 잊고 있었기 때문에 이 시점에서 다시 한 번 언약(할례)을 행함으로 가나안을 누릴 수 있는 자격을 갖추게 하시려는 것입니다.

5절을 보면 "그 나온 백성은 다 할례를 받았으나 다만 애굽에서 나온 후 광야 길에서 난 자는 할례를 받지 못하였음이라"

애굽을 떠나 광야 길에서 난 자들은 할례를 받지 못했다고 합니다. 고의성이 없다 해도 결과적으로는 하나님과의 언약을 지키지 않은 것입니다. 출애굽 2세들이 하나님의 언약을 지키지 않음으로 언약백성의 자격을 잃어버린 것입니다. 그래서 하나님께서는 이들에게 언약 백성으로서의 자격을 갖추고 당당히 새 출발을 하게 하신 것입니다.

그래서 하나님은 9절에

"여호와께서 여호수아에게 이르시되 내가 오늘 애굽의 수치를 너희에게서 떠나가게 하였다 하셨으므로 그 곳 이름을 오늘까지 길갈이라 하느니라"

그러므로 이들이 가나안에 진입할 수 있는 정상적인 관계가 성립되었음을 선포하셨습니다.

1. 할례는 이방문화에서 하나님의 문화로 들어가는 진입입니다. 애굽의 모든 수치를 떨어내고 언약백성으로서의 새 출발입

니다.

2. 몸에 할례를 행하게 하신 이유가 있습니다.
◆ 백성들의 건강을 돌보시려는 하나님의 배려와 축복입니다.
◆ 남자와 여자의 건강을 생각하신 세밀한 은총입니다.(세균, 자궁보호)
◆ 8일 만에 할례를 행하게 한것은 출혈을 극소화하기 위한 처방입니다.
◆ 사용할 때마다 하나님을 계속해서 기억하게 하시려는 목적이 있습니다.

3. 할례는 하나님의 언약을 이루는 근거(보증)입니다.
할례를 받은 남자는 몸에 언약백성으로 구별되었다는 표시를 가집니다. 아내들도 남편과 연합함으로 언약백성에 함께 참여하게 됩니다. 아내는 할례 받은 남자와 결혼함으로 자연스럽게 언약백성의 복을 누리게 됩니다.

4. 할례를 받은 남자의 언약백성의 표시는 부정사용을 금하신 것입니다. 즉 언약의 도구를 죄악의 도구로 사용하지 못하게 하셨습니다.

∴ 요단을 건넌 후 길갈에서 할례를 행함으로 애굽의 모든 수치를 근본적으로 제거하시고, 새로운 세계, 즉 가나안의 복을 당당히 누리게 하셨습니다.

관점을 중심으로 청중 문제 해결

사랑하는 성도 여러분!

1. 내가 누구인가를 놓치며 살고 있지는 않습니까?
표면적으로 우리 모두는 하나님의 자녀임을 고백합니다. 그래서 찬양도 하고 예배도 드리지만 실상 내 삶속 깊은 곳에 하나님의 임재하심과 동행하심을 얼마나 나타나고 있습니까?

* 나는 언약백성의 자부심과 긍지가 있습니까?
어느 때 언약백성의 자부심을 느끼십니까?
언약백성의 긍지는 무엇입니까?
나를 통하여 하나님의 일들을 이루어 가시려는 하나님의 커다란 계획=섭리를 얼마나 알고 있으며, 어떻게 그 일에 동참하고 있습니까?

* 사실 우리는 대부분 하나님을 잊고 살고 있습니다. 그 결과 위기를 만나면 하나님을 전혀 모르는 자처럼 말하고 행동한 적이 많습니다.

2. 하나님은 우리가 언약백성으로 책망 받을 일을 제거하기를 기뻐하십니다.
하나님께서는 우리가 당신이 예비하신 것들을 당당한 누리기를 원하십니다. 하나님의 언약이 나를 통하여 성취되기를 원하시며 더 많은 하나님의 세계를 누리기 원하십니다.

1) 언약백성의 증거를 가져야 됩니다.
우리의 영과 육에 언약백성의 흔적을 가져야 합니다.

언약백성의 증거란,

* 예수님을 구주로 영접한 확신의 증거입니다.
* 우리 몸에 예수님을 영접한 증거로서 세례입니다.
* 구원의 확신이 새겨진 믿음의 고백이 있어야 합니다.

2) 이 증거들로 세속문화를 이겨내야 합니다.
그리스도인 된 증거들로 나를 세속으로부터 지켜내야 합니다. 믿음의 증거를 앞세우고 세속적인 것들과 적극적으로 싸워서 이겨야 합니다. 세상은 이 증거를 가진 자들을 감당할 수 없어야 합니다.

3) 믿음의 증거를 가진 자에게는 예수님의 권세가 있습니다.
할례는 혼자의 힘으로 할 수 없습니다. 반드시 다른 사람의 힘을 빌려야 합니다.
예수님은 우리의 모든 더러움을 직접 제거해주시고, 세상을 이겨내는 권세가 되어주십니다. 예수님은 믿음의 증거를 가진 자와 함께 하십니다.
믿음의 증거를 가진 자들은 예수님의 이름으로 새로운 세계를 누리게 됩니다. 이는 언약백성들에게 주신 하나님의 특별한 선물입니다.

청중의 결단

* 건강한 교회는 정체성이 분명한 교회입니다. 언약 백성으로서의 정체성을 놓치지 않도록 하나님의 백성을 한 사람 한 사람을 귀히 여기고 세워가는 교회가 건강한 교회입니다.

* 건강한 교회는 언약 백성들의 증거 = 세례 운동을 힘있게 펼쳐 나가는 것입니다.

* 건강한 교회는 예수님의 권세로 세상을 이기는 교회입니다. 언약백성들의 승전보가 울려 퍼지는 교회입니다.

유월절은 만나를 먹던 시간이 지나고(유월=넘어가고), 그 땅의 소산을 먹으며 살아가는 새로운 시대가 열렸음을 선포하신 것이었습니다.

1부 관점설교

6 | 수 5:10~12

잃어버린 것들-유월절

JOSHUA

 예수님을 기념하는 것은 그분을 내 안에서 누리는 것입니다. 그분의 속죄하심과 임재 그리고 동행하심을 내 안에서 누리는 시간입니다.

✳ 유월절

이스라엘 백성들이 요단을 건넌 후 길갈에 진을 쳤고(4:19), 그달 십사 일 저녁에 여리고 평지에서 유월절을 지켰습니다.

10절 "또 이스라엘 자손들이 길갈에 진 쳤고 그 달 십사일 저녁에는 여리고 평지에서 유월절을 지켰으며"

유월절이 무엇입니까?
출애굽기 12장 3절에 애굽의 장자들이 죽임을 당할 때 하나님의 사자가 집 문설주에 바른 피를 어린 양의 보고 넘어감으로 이스라엘 백성의 장자들이 죽음에서 구원받은 것을 절기하는 의식입니다.

설교를 이끄는 관점

갑자기 유월절을 지키라고 하신 이유는 무엇입니까?
애굽의 장자들이 죽던 날처럼 또다시 그런 재앙이라도 내린다는 것입니까?
아무런 설명도 없이 왜 유월절을 지키라고 하십니까?

그리고 불안한 것은 유월절을 지킨 바로 다음 날부터 만나가 끊어졌습니다. 유월절과 만나가 무슨 연관이 있기에 백성들의 양식을 중단시킨 것입니까?

혹시 유월절을 지킨 것이 문제라도 된 것입니까?

40여 년 매일같이 내리던 만나가 끊어졌으니 이스라엘 백성들이 얼마나 당황했겠습니까? 당장 먹어야 할 양식이 끊겼으니 이들의 불안과 공포는 말로 표현할 수 없었을 것입니다.

이들은 결코 적은 무리가 아닙니다. 수많은 백성들이 우왕좌왕하며 앞날에 대한 두려움을 떨쳐버리지 못했을 것입니다.

만일 여러분이 그 시간, 그 장소에 있었다면 어떤 생각을 했으며, 어떻게 행동했겠습니까? 왜 이런 일들이 일어나게 된 것입니까?

하나님의 목적을 중심으로 해결

유월절은 애굽 사람들에게는 재앙과 심판의 날이었습니다. 하지만 이스라엘 백성들에게는 구원의 신호탄이 떠오른 날입니다. 하지만 이들은 40년 동안 유월절을 지키지 않았습니다. 여호수아 5장에 이르기까지 유월절은 단 두 번 시행했습니다. 애굽을 떠나기 전날 밤과 애굽을 떠난 후 일 년쯤 시내광야에서 유월절을 지키고 그 후로는 단 한 번도 지키지 않았습니다.

이들은 유월절 언약을 잊은 채 살아왔습니다. 그런데 하나님께서 여호수아에게 이 시점에서 유월절을 지키게 하신 것은 특별한 의미가 있습니다.

1. 과거 애굽에서 보여주셨듯이 하나님께서 이 백성들을 죽음의 위기에서 반드시 건져주신다는 구원의 언약을 상기시키려는 것입니다.

그러므로 백성들이 유월절을 지킴으로 구원의 하나님을 고백하고 그 언약(약속)을 붙잡게 하신 것입니다.

2. 새로운 시대를 열어 주시려는 것입니다.

지금까지 이들은 하나님께서 직접 내려주시는 만나를 먹었습니다. 이제 그 만나를 먹던 시간이 지나고(유월=넘어가고), 그 땅의 소산을 먹으며 살아가는 새로운 시대가 열렸음을 선포하신 것입니다.

5:11~12절에 "유월절 이튿날에 그 땅의 소산물을 먹되 그 날에 무교병과 볶은 곡식을 먹었더라 또 그 땅의 소산물을 먹은 다음 날에 만나가 그쳤으니 이스라엘 사람들이 다시는 만나를 얻지 못하였고 그 해에 가나안 땅의 소출을 먹었더라"

3. 유월절은 하나님의 사랑과 은혜를 확인하는 시간입니다.

지금까지 인도하신 하나님을 느끼고 나누게 하셨습니다. 또한 남은 시간도 끝까지 함께 하실 하나님이심을 보여주신 시간입니다. 유월절은 우리가 절기를 지키는 시간이 아니라 하나님께서 자신을 누리도록 찾아오신 시간이었습니다.

하나님께서는 유월절을 통하여 이 백성들을 더 가까이 품어주셨습니다.

관점을 중심으로 청중 문제 해결

사랑하는 성도 여러분!
1. 우리에게도 유월절이 있습니다. 하지만 우리도 유월절을 제대로 지키지 않습니다. 어쩔 수 없이 유월절에 참여하는 경우가 많이 있습니다.

2. 우리에게 있는 유월절이 무엇입니까?
유월절 어린양 되신 예수님의 십자가 사건을 기억하고 그분의 대속하심을 기념하는 성찬에 참여하는 것이 우리가 지켜야 할 유월절입니다.

예수님께서도 우리에게 이 유월절을 기념하라고 하셨습니다 (눅 22:19). 계속해서 유월절 성찬을 시행하고 참여하라는 말씀을 하셨습니다.

3. 예수님을 기념하는 것은 그분을 내 안에서 누리는 것입니다.
그 분의 속죄하심과 임재 그리고 동행하심을 내 안에서 누리는 시간입니다. 그분을 느끼고, 체험하는 시간입니다. 예수님 안에 내가 잠기는 시간입니다. 내가 예수님으로 온통 채워지는 시간입니다.

4. 성찬은 또 다른 출발입니다.
또 다른 은혜와 이끄심이 다시 한 번 시작되는 시간입니다. 우리는 성찬을 통하여 새로운 결단과 시작을 합니다.

청중의 결단

건강한 교회는 성찬이 정당하게 시행되는 교회입니다. 예수님을 먹고 마심으로 새로운 은혜와 결단이 지속되는 교회입니다. 성찬이 살아있는 교회는 예수님으로 채워진 건강한 교회입니다.

성찬예식은 이렇게 참여합니다.
- ◆ 예수님께서 내 안에 계신지를 확인해야 합니다.
- ◆ 자신을 살펴서 합당한 자로 참여해야 합니다. 지난 날 저지른 죄로 인하여 참여할 수 없는 자는 아무도 없습니다. 다만 자신의 죄를 살펴서 회개하고 성찬에 참여함으로 새롭게 출발해야 합니다.
- ◆ 믿음으로 예수님의 살과 피를 먹고 마심으로 예수님을 채우는 시간으로 만드십시오.
- ◆ 성찬에 참여함으로 당당한 그리스도인으로 세상에 나아가 그리스도인의 삶의 진가를 보여주어야 합니다.
- ◆ 그리스도와의 연합, 그리고 그리스도와의 동거에 대한 확신으로 살아가야 합니다.

여리고 사람들이 멸망당한 것은 하나님 때문이 아닙니다. 그들은 자신들이 건축한 여리고성의 견고함을 믿고 있다가 하나님이 주신 기회를 스스로 저버리고 멸망을 당한 것입니다.

1부 관점설교

7 | 수 6:1~11

여리고 성

JOSHUA

 무조건 순종하십시오! 당신의 생각을 앞세우고 망설이거나 주저하지 마십시오! 오직 하나님의 약속을 믿고 순종하면 결과는 하나님께서 책임져 주십니다.

* 돌아라

드디어 가나안 정복이 시작되었습니다. 그 첫 번째 지역이 여리고입니다. 당시 여리고성은 아주 견고하기로 이름난 곳입니다. 이중구조로 되어 있던 성벽은 외벽의 두께가 1.8m, 내벽의 두께는 3.6m정도였으며, 내벽과 외벽 사이는 성인 걸음으로 열 걸음 정도를 걸어야 할 만큼 간격이 있었습니다.

이런 견고한 성을 무너뜨리는 것은 절대로 쉬운 일이 아닙니다. 그래서 여리고 사람들은 이런 여리고 성의 견고함을 믿고 성 안에서 꼼짝도 하지 않았습니다.

1절 "이스라엘 자손들로 말미암아 여리고는 굳게 닫혔고 출입하는 자가 없더라"

이런 여리고성을 바라보던 여호수아와 이스라엘 백성들은 무슨 생각을 했을까요?

누구 한 사람 여리고성을 공략할 방법을 쉽게 내어 놓지 못했습니다. 하지만 하나님께서는 이런 여리고성을 여호수아에게 넘겨주시겠다고 하십니다.

2절 "여호와께서 여호수아에게 이르시되 보라 내가 여리고와 그 왕과 용사들을 네 손에 넘겨주었으니"

아무도 엄두를 내지 못하는 견고한 성을 내어 주시겠다니 얼마나 반가운 소식입니까? 그런데 여리고성을 무너뜨리는 방법으로 주신 말씀을 보면 난감하기 그지없습니다.

3~5절 "너희 모든 군사는 그 성을 둘러 성 주위를 매일 한 번씩 돌되 엿새 동안을 그리하라 제사장 일곱은 일곱 양각 나팔을 잡고 언약궤 앞에서 나아갈 것이요 일곱째 날에는 그 성을 일곱 번 돌며 그 제사장들은 나팔을 불 것이며 제사장들이 양각 나팔을 길게 불어 그 나팔 소리가 너희에게 들릴 때에는 백성은 다 큰 소리로 외쳐 부를 것이라 그리하면 그 성벽이 무너져 내리리니 백성은 각기 앞으로 올라갈지니라 하시매"

설교를 이끄는 관점

여리고성을 무너뜨려 줄 것이니 성 주위를 돌라고 하셨습니다. 여러분, 성 주위를 돌면 여리고 성이 무너진다는 이야기가 말이 됩니까?

여리고성이 얼마나 견고한 성인지를 알려드렸습니다. 이런 엄청난 성이 사람들이 주변을 돌면 정말 무너지겠습니까?

하나님께서 주신 방법을 다시 한 번 자세히 살펴봅시다.
◆ 엿새 동안 매일 성 주위를 한 번씩 돌라.
◆ 일곱째 날은 그 성을 일곱 번 돌라.
◆ 성을 돌 때마다 제사장 일곱은 일곱 양각 나팔을 불고 여호

와 앞으로 나아가며 언약궤는 그 뒤를 따르며 돌라.
  ◆ 백성들은 엿새 동안 아무 소리도 내지 말고 제사장들의 뒤를 따라 돌라.
  ◆ 일곱째 날은 일곱 번 돈 후 제사장의 양각 나팔 소리에 맞추어서 일제히 소리를 지르라.
  ◆ 이대로만 하면 여리고성이 무너지리라.

과연 이런 방법으로 여리고성이 무너질 수 있을까요?
  * 이미 말한 것처럼 여리고 성은 보통 견고한 성이 아닙니다. 사람들이 주변을 돌아서 무너질 만큼 허술하지 않습니다.

  * 상상해 보십시오.
성 주변을 아무 소리도 내지 않고 돌고 와서 잠자기를 반복하는 백성들을 바라보는 여리고 사람들과 주변 나라 사람들의 반응이 어떠했을까요? 분명 모두가 미쳤다고 했을 것입니다.

  * 또한 자신들이 돌면 눈앞에 보이는 거대한 성이 무너진다는 말을 이스라엘 백성들은 어떻게 받아들였을까요?

누가 보아도 이 방법은 상식을 벗어난 무모한 짓입니다.
이들이 아무런 대책도 없이 성 주변을 도는 사이 여리고 사람들이 급습이라도 한다면 한꺼번에 몰살 당할 수도 있습니다. 아무런 무장도 하지 않고 성 주변을 돌기만 하는 백성들은 적군에게 자신들의 모든 것을 그냥 내어주겠다는 것과 다를 바가 없습니다.

왜 하나님은 이런 무모한 방법을 지시하셨을까요?

하나님의 목적을 중심으로 해결

한마디로 여리고 사람들에게 기회를 주시려는 것입니다.
자신들이 건축한 성벽의 견고함만을 믿고서 안일한 생각에 빠져있는 여리고성 사람들에게 항복하고 살 수 있는 기회를 주시려는 것입니다.
하나님은 단 한 명의 사람이라도 회개하고 돌이켜 하나님께 나오기를 기다리십니다.

1. 이들에게 7일간의 시간을 주셨습니다.
6일 동안 아무 말도 하지 못하게 하신 것은 여리고 사람들 스스로 판단할 수 있는 여지를 주신 것입니다.

2. 언약궤를 앞세운 것은 하나님을 보여주신 것입니다.
여리고 사람들은 언약궤를 앞세운 요단의 기적을 들었습니다. 그래서 성문을 굳게 걸고 꼼짝도 하지 않은 것입니다. 하나님은 그 언약궤를 앞세워서 지금 하나님께서 함께 돌고 계심을 보여주셨습니다.

3. 회개의 기회를 저버린 자에게는 멸망뿐임을 만천하에 보이셨습니다(21절).

20~21절 "이에 백성은 외치고 제사장들은 나팔을 불매 백성이 나팔 소리를 들을 때에 크게 소리 질러 외치니 성벽이 무너져 내린지라 백성이 각기 앞으로 나아가 그 성에 들어가서 그 성을 점령하고 그 성 안에 있는 모든 것을 온전히 바치되 남녀노소와 소와 양과 나귀를 칼날로 멸하니라"

여리고 사람들의 예상은 빗나갔습니다.
하나님의 진노 앞에 여리고성의 견고함은 무용지물이었습니다. 여리고 사람들은 자신의 성만 믿고 있다가 한 사람도 빠짐없이 도륙 당했습니다.

4. 기생 라합의 집을 구원하심으로 언약=약속에 신실하신 하나님이심을 알게 하셨습니다(25절).

"여호수아가 기생 라합과 그의 아버지의 가족과 그에게 속한 모든 것을 살렸으므로 그가 오늘까지 이스라엘 중에 거주하였으니 이는 여호수아가 여리고를 정탐하려고 보낸 사자들을 숨겼음이었더라"

여리고 성의 모든 자들이 멸망 당할 때 성벽 높은 곳에 걸린 붉은 줄을 보았으며, 그녀와 그녀의 가족들이 구원 얻는 것을 보게 하셨습니다.
이는 언약에 신실하신 하나님, 언약을 이루심에 차별이 없으신 공평하신 하나님이심을 보여주신 것입니다.

관점을 중심으로 청중 문제 해결

사랑하는 성도 여러분!

1. 여리고 사람들에 비하면 이스라엘 사람들은 모든 면에서 열세였습니다.

여리고 사람들에게 여리고 성은 난공불락의 요새였습니다. 하지만 하나님이 함께 하시는 이스라엘 백성을 당할 수가 없었습니다. 우리는 이 사실을 잊어서는 안 됩니다.

* 우리도 자신의 견고한 성을 의지하는 어리석음을 벗어나지 못합니다.

약간의 돈과 재능 그리고 남들이 조금 알아주는 이름을 앞세우고 하나님을 거들떠보지 않습니다. 그것만 있으면 하나님이 없어도 안전할 수 있다고 여기며 하나님의 음성을 거부하고 외면합니다. 때로는 이런 사람들 중에 하나님께서 하시는 일에 대하여 비웃거나 조롱하는 자들도 있습니다.

* 여리고성을 진멸하시는 하나님에 대해 비난하기도 합니다.

어떻게 하나님께서 그 많은 자들을 다 멸하실 수 있느냐고 따집니다. 마치 자신이 대단한 의를 품은 자처럼 떠들고 야단을 합니다.

하지만 당신이 잊고 있는 것이 있습니다. 여리고 사람들이 멸망 당한 것은 하나님 때문이 아닙니다. 그들은 자신들이 건축한 여리고성의 견고함을 믿고 있다가 하나님이 주신 기회를 <u>스스로</u> 저버리고 멸망을 당한 것입니다.

* 지금도 우리 주변에는 이런 자들의 멸망이 자주 목격되고 있습니다.

하나님께서 무너뜨리는 것은 누구도 막을 수 없습니다. 무너뜨리기 전 기회의 시간을 놓치지 말아야 합니다. 오늘 이 자리에 있는 여러 분 중에서 이런 사람들이 있다면 정신을 차려야 합니다.

2. 지금 하나님께서 내 주변을 돌고 계십니다.

하나님은 단 한 사람이라도 멸망에 이르기를 원하지 않으십니다. 당장이라도 문을 열고 회개하면 생명을 지키시며 안전을 보장하시는 하나님이십니다. 더 이상 머뭇거리지 마십시오. 하나님의 진노 앞에서 견딜 수 있는 것은 아무 것도 없습니다.

1) 하나님과 대적하지 마십시오!
하나님의 음성을 듣고 외면하거나 숨는 것은 하나님을 향하여 대적하겠다는 모습입니다. 하나님과 상대하여 이길 자는 아무도 없습니다.

살 수 있는 길은 하나님의 음성을 듣고 그 앞으로 나아오는 것입니다. 오늘 이 시간이 나도 살고 여리고성도 살 수 있는 기회입니다.

2) 회개하면 됩니다.

하나님의 진노는 회개로만이 진정시킬 수 있습니다. 하나님은 진심으로 회개하고 돌이키는 자에게 진노를 퍼부으신 적이 단 한 번도 없으십니다. 하지만 회개의 기회를 저버린 자에게는 어떤 자비도 베풀지 않으십니다.

3) 하나님은 나와 내 가정이 구원에 이르기를 원하십니다.
여리고성에 진노가 쏟아질 때 모두가 보는 가운데 성벽 높은 곳에서 구원 받았던 라합의 가정을 기억하십시오! 지금 당신과 가족들은 구원에 이르고 있습니까?

청중의 결단

* 건강한 교회는 기회를 놓치지 않는 교회입니다. 하나님께서 주신 기회를 통하여 하나님의 목적을 이루어 드리는 교회입니다.

* 건강한 교회는 여리고 성을 두려워하지 않습니다. 병든교회, 나약한 교회는 여리고 성을 두려워 합니다. 아무리 강한 여리고 성이라도 하나님이 함께 하시면 소용없습니다.

* 건강한 교회는 여리고 성을 무너뜨리고 하나님을 보여주는 교회입니다.

* 건강한 교회는 사람의 방법을 앞세우지 않고 하나님의 방법으로 나아가는 교회입니다.

아이성의 실패는 하나님을 업신여긴 결과에 대한 하나님의 진노입니다.

1부 관점설교

8 | 수 7:2~12

아간

 하나님은 약속을 붙드는 자를 성공시켜 주십니다. 하나님이 함께 하시면 어떤 난공불락의 적도 문제될 수 없습니다.

* 하나님의 물건(도적질)

여리고는 하나님의 심판이 가나안에 최초로 내려진 곳입니다. 이 여리고에서 서쪽으로 16km 떨어진 곳에 아이성이 있습니다. 아이성은 여리고성에 비하여 비교적 쉽게 공략할 수 있다고 여겼던 여호수아가 3천 명 정도의 군사를 선별하여 공격했지만 실패로 끝났습니다.

4~5절 "백성 중 삼천 명쯤 그리로 올라갔다가 아이 사람 앞에서 도망하니 아이 사람이 그들을 삼십육 명쯤 쳐 죽이고 성문 앞에서부터 스바림까지 쫓아가 내려가는 비탈에서 쳤으므로 백성의 마음이 녹아 물 같이 된지라"

그 결과 36명이 목숨을 잃었고 백성들의 마음은 두려움에 녹아내렸습니다. 이 일로 인하여 여호수아는 대단한 충격을 받습니다. 예상치 못한 패전에 여호수아는 옷을 찢으며 티끌을 뒤집어쓰고 하나님 앞에 엎드려 탄식으로 울부짖었습니다.

7~8절 "이르되 슬프도소이다 주 여호와여 어찌하여 이 백성을 인도하여 요단을 건너게 하시고 우리를 아모리 사람의 손에 넘겨 멸망시키려 하셨나이까 우리가 요단 저쪽을 만족하게 여겨 거주하였더면 좋을 뻔하였나이다 주여 이스라엘이 그의 원수들 앞에서 돌아섰으니 내가 무슨 말을 하오리이까"

이런 여호수아의 탄식을 들으신 하나님은 다음과 같이 말씀하십니다.

"여호와께서 여호수아에게 이르시되 일어나라 어찌하여 이렇게 엎드렸느냐 이스라엘이 범죄하여 내가 그들에게 명령한 나의 언약을 어겼으며 또한 그들이 온전히 바친 물건을 가져가고 도둑질하며 속이고 그것을 그들의 물건들 가운데에 두었느니라" (10~11절)

하나님의 물건을 도적질한 자가 있어서 하나님께서 그 이유로 이들을 외면하셨다고 하십니다.

설교를 이끄는 관점

이 얼마나 황당한 일입니까? 사람이 숨어서 하는 일을 어찌 알 수가 있습니까! 그리고 지금은 전쟁 중입니다. 상대방의 목숨도 빼앗는 상황에서 그깟 물건을 좀 챙겼다고 이러시는 것은 이해할 수 없는 일입니다.

아무 잘못도 없는 사람들이 36명이나 죽었습니다. 이들은 나라를 위해서 목숨을 내어놓은 충성된 자들입니다. 누구인지도 모르는 자의 잘못 때문에 이런 돌이킬 수 없는 결과를 당한 것은 너무도 억울한 일입니다.

◆ 누가, 무엇을, 얼마나 도적질했기에 하나님의 마음이 돌아

서신 것입니까?

◆ 그리고 이해가 안 되는 것은 상대 진영의 물건을 탈취한 것이 어찌 하나님의 것을 도적질한 것입니까?

◆ 3천 명이나 되는 사람들이 전쟁에 참여했습니다. 이들 중 누가 이런 일을 했는지 어떻게 알 수 있단 말입니까? 문제는 도적질한 사람이 잡힌다고 죽은 자들이 다시 살아나기라도 한단 말입니까?

왜 하나님은 이 일에 이토록 화가 나신 것입니까?

하나님의 목적을 중심으로 해결

하나님의 언약을 무시했기 때문입니다.
하나님의 언약=약속을 알고도 고의적으로 지키지 않으므로 하나님을 경멸했습니다. 아이성의 실패는 하나님을 업신여긴 결과에 대한 하나님의 진노입니다.

수 6:18~19을 봅시다.
"너희는 온전히 바치고 그 바친 것 중에서 어떤 것이든지 취하여 너희가 이스라엘 진영으로 바치는 것이 되게 하여 고통을 당하게 되지 아니하도록 오직 너희는 그 바친 물건에 손대지 말라 은금과 동철 기구들은 다 여호와께 구별될 것이니 그것을 여호와의 곳간에 들일지니라 하니라"

하나님께서 전쟁 중에 지켜야 할 언약을 세우셨습니다.
* 전쟁 중에 탈취하는 모든 물건들은 하나님께 바쳐진 것이므로 손대지 말라.
* 이 물건들은 여호와께 구별된 것이니 여호와의 곳간에 들이라.

그런데 이 언약을 알면서도 일부러 알면서도 일부러 깨뜨리고 하나님의 곳간에 드려야 할 온전히 바칠 물건을 가져간 자가 있기에 이런 문제가 생겼습니다. 여기서 도적질이란 하나님의 것을 훔쳐갔기에 이르는 말입니다.

1. 하나님의 것을 도적질했기에 하나님께서 직접 나서셨습니다(14~15절).
"너희는 아침에 너희의 지파대로 가까이 나아오라 여호와께 뽑히는 그 지파는 그 족속대로 가까이 나아올 것이요 여호와께 뽑히는 족속은 그 가족대로 가까이 나아올 것이요 여호와께 뽑히는 그 가족은 그 남자들이 가까이 나아올 것이며 온전히 바친 물건을 가진 자로 뽑힌 자를 불사르되 그와 그의 모든 소유를 그리하라 이는 여호와의 언약을 어기고 이스라엘 가운데에서 망령된 일을 행하였음이라 하셨다 하라"

직접 색출하지 않으시고 제비를 뽑게 하셨습니다.
◆ 과정을 지켜보게 하심으로 다시는 반복되지 않게 하시려는 목적이었습니다.
◆ 과정이 진행되는 동안 원인자=범죄자에게 회개의 기회를

주시려는 것으로 이는 범죄자를 향하신 하나님의 사랑이 쏟아지는 시간입니다.

◆ 원인자를 참혹하게 처단하라 하신 것은 그를 버리신 것이 아니라 죄에 대한 참혹함을 보여주시려는 것입니다.

2. 아간을 범죄자로 색출하여 멸망에 처하게 하셨습니다(25절).

"여호수아가 이르되 네가 어찌하여 우리를 괴롭게 하였느냐 여호와께서 오늘 너를 괴롭게 하시리라 하니 온 이스라엘이 그를 돌로 치고 물건들도 돌로 치고 불사르고 그 위에 돌 무더기를 크게 쌓았더니"

하나님의 언약을 저버린 자에 대한 결과입니다. 끝까지 욕심과 완악함을 버리지 못한 자에 대한 결과입니다. 하나님의 자비와 사랑을 저버린 자에 대한 결과입니다.

3. 다시는 하나님의 것에 손대지 않도록 경계를 삼으셨습니다(26절).

"오늘까지 있더라 여호와께서 그의 맹렬한 진노를 그치시니 그러므로 그곳 이름을 오늘까지 아골 골짜기라 부르더라"

죄의 결과가 얼마나 참혹한 것인지를 모든 사람이 두고두고 경계를 삼게 하셨습니다.
이는 다시는 하나님의 것을 도적질하지 말라는 약속을 기억하게 하시려는 것입니다.

** 아이성 전투 앞에서 여호수아가 철저하게 하나님의 뜻을 구하지 않고 정탐꾼들의 말만 듣고 아이성을 자신들의 힘만으로 해결할 수 있다고 여긴 교만과 자신감이 이런 결과를 초래한 또 하나의 원인입니다. 지도자가 백성들을 철저하게 하나님께 집중시키지 못한 책임도 있습니다.

관점을 중심으로 청중 문제 해결

사랑하는 성도 여러분!

1. 우리도 크고 작은 실패들을 경험합니다. 실패와 좌절감은 쉽게 극복되지 않습니다. 지금도 실패의 감정을 치유 받지 못하고 힘들어하는 사람들이 주변에 많이 있습니다.

* 실패하는 사람들이 되풀이하는 것이 있습니다.
◆ 법이나 규칙들을 무시하거나 함부로 생각합니다.
◆ 자신의 경험을 지나치게 앞세웁니다. 자신의 경험만을 앞세우고 고집하며 누구의 말을 들으려 하지 않습니다.
◆ 욕심에 대한 경계심도 없습니다. 감정을 절제하지 못하고 과욕을 부려서 일을 망치기도 합니다.

* 신앙인도 예외가 아닙니다.
하나님의 방법을 무시합니다. 먼저 하나님께 나아가기보다는 자신의 경험이나 실력만을 믿고 행동합니다. 이런 경우 우리는 실패합니다. 우리는 이 부분을 가볍게 여겨서는 안 됩니다.

2. 하나님과의 약속(언약)을 지키십시오!
성공은 하나님의 손에 있습니다. 하나님과의 약속을 무시하면 절대로 만족할만한 결과를 얻을 수 없습니다. 하나님과의 약속을 무시하는 것은 하나님을 무시하는 것입니다.

* 실패의 원인을 찾아야 합니다.
어디에서, 무엇을 놓치고 있는가를 철저하게 점검해야 합니다. 실패의 원인을 제거하지 않으면 실패는 되풀이 될 수밖에 없습니다.

* 먼저 하나님께 엎드리십시오!
여호수아는 실패의 원인을 찾기 위해서 하나님께 엎드려 티끌을 뒤집어쓰고 울부짖었습니다. 이는 하나님 앞에서 문제를 해결하려는 신앙적 몸부림입니다. 문제가 심각할수록 하나님께 더 가까이 나아가야 합니다.

* 죄를 차단하십시오!
죄의 결과는 사망입니다. 이것은 하나님의 철칙입니다. 하나님의 것을 도적질했거나, 하나님의 날을 범했거나, 숨겨진 죄악들을 찾아내서 청산해야 합니다.

* 하나님의 약속을 붙잡고 다시 시작하십시오!
성공은 하나님이 주시는 것입니다. 하나님은 사람의 수가 많고

적음에 관심이 없으십니다. 하나님은 약속을 붙드는 자를 성공시켜 주십니다. 하나님이 함께 하시면 어떤 난공불락의 적도 문제될 수 없습니다.

청중의 결단

* 건강한 교회는 하나님과의 약속을 우선합니다. 하나님의 법을 누구의 말보다 앞세웁니다.
* 건강한 교회는 하나님과의 약속을 지키기 위해서 어떤 희생과 고난도 감수합니다. 인간적인 동정이나 안타까움보다 하나님의 법을 앞세워 문제를 해결합니다.
* 건강한 교회는 하나님 법을 가볍게 여김으로 하나님과의 관계를 소홀히 하지 않습니다.

하나님을 무시하지 마십시오.
지금 내 고집으로 인하여 지키지 못하는 약속들을 찾아내야 합니다.

내 생각이 앞서는 자는 교만한 자입니다.
교만의 결과는 굳이 말할 필요가 없습니다.

힘들어도 약속대로 실천합시다!
약속을 믿고 나아가면 하나님께서 움직이십니다.

하나님은 이 백성들이 아이성을 점령하여 모든 탈취 물을 다 가지게 하시려고 직접 전쟁을 지휘하셨습니다.

1부 관점설교

9 | 수 8:1~9

아이성 함락

 실패는 하나님께 버림을 당한 것이 아니라 하나님께 더 가까이 나아갈 수 있도록 문제를 제거하는 시간입니다. 하나님은 실패의 순간에도 나를 떠나시지 않습니다.

* 아이성(탈취물)

아간의 처형으로 인한 이스라엘 백성들의 침통한 분위기가 계속되고 있었습니다. 이들은 패배감과 좌절감으로부터 좀처럼 벗어나지 못하고 있었습니다. 이때 다시 하나님의 말씀이 여호수아에게 주어졌습니다.

1~2절 "여호와께서 여호수아에게 이르시되 두려워하지 말라 놀라지 말라 군사를 다 거느리고 일어나 아이로 올라가라 보라 내가 아이 왕과 그의 백성과 그의 성읍과 그의 땅을 다 네 손에 넘겨주었으니 너는 여리고와 그 왕에게 행한 것 같이 아이와 그 왕에게 행하되 오직 거기서 탈취할 물건과 가축은 스스로 가지라 너는 아이 성 뒤에 복병을 둘지니라 하시니"

  * 하나님께서는 이스라엘 백성들에게 더 이상 두려워하지 말라고 하셨습니다. 이는 아이성 전투의 패배감과 아간의 일로 인한 두려움을 버리라는 음성이었습니다.

  * 이번에는 모든 군사를 다 거느리고 아이성으로 올라가라고 하셨습니다. 이는 이전에 이들이 계획했던 것이 하나님의 생각과 달랐음을 지적하신 것입니다.

  * 여호와께서 아이 왕과 백성 그리고 성읍들을 넘겨주신다고

하셨습니다. 이는 반드시 아이성을 빼앗게 해주신다는 승리의 약속입니다.

설교를 이끄는 관점

그런데 여리고성 전투 때와 달리, 이번에는
"아이성 전투에서 탈취한 물건들을 다 가져도 좋다"
고 하셨습니다. 누구도 예상하지 못한 뜻밖의 음성입니다. 조금 전 아간이 아이성에서 탈취한 물건을 가졌다가 전투에서 패배했고, 36명이나 죽음을 당했으며, 아간의 가족은 전부 몰살 당했습니다. 이런 사실을 여호수아와 백성들이 두 눈을 뜨고 지켜보았습니다.

◆ 이제는 아무도 전쟁에서 탈취한 물건에 손대지 않을 것입니다. 여리고성을 공격할 때 모든 물건은 여호와의 곳간에 들이라고 하신 분이 하나님이십니다. 왜 갑자기 말씀을 바꾸시는 것입니까?
◆ 혹시 아간과 같은 자가 또 숨어있기에 그를 찾으시려고 미끼라도 던지시는 것입니까?
◆ "탈취물은 여호와의 것이고 반드시 하나님의 곳간에 들이라"고 세우신 언약을 스스로 깨뜨리시는 이유가 무엇입니까?
◆ 이런 상황에서 과연 여호와의 물건에 손을 댈 자가 있겠습니까?

왜 갑자기 마음을 바꾸신 것입니까?

하나님의 목적을 중심으로 해결

하나님은 자기 백성들을 끝까지 사랑하시는 분입니다.
하나님은 땅에 떨어진 백성들의 사기를 높여주시려는 것입니다.

탈취물을 가지라는 말씀은 아이성 전투가 승리로 끝날 것을 예고하신 것입니다. 그러므로 이들이 의욕을 가지고 아이성을 점령하도록 격려와 상급을 주시려는 것입니다. 그래서 하나님은 이 백성들이 아이성을 점령하여 모든 탈취 물을 다 가지게 하시려고 직접 전쟁을 지휘하셨습니다(3~23절).

** 그렇다면 하나님은 처음부터 탈취 물을 주실 계획이셨을까요? 아니면 아간의 일로 마음이 바뀌신 것일까요? 중요한 것은 아이성 공략을 앞두고 여호수아와 그 백성들이 하나님께 묻지 않았다는 사실입니다. 만일 하나님께 먼저 물었더라면 아간으로 인한 불상사를 막을 수도 있었을 것입니다.

하나님은 아이성을 공략할 모든 계획을 알려주셨습니다.
1. 먼저 3만 명의 용사를 선별하여 아이와 벧엘 사이에 매복시키고(2~9절), 또 다시 오천 명을 다른 곳에 매복시켜 적들을 유인하게 했습니다(10~14절).

* 과연 아이성과 벧엘 사이에 3만 명이나 매복할 수 있었을까요?

'엘렙(elep)'은 천 명을 이끄는 지휘관(chief/officer) 또는 특별한 조건을 가진 자라는 뜻입니다(30elep=30천=3만).

2. 여호수아와 이스라엘 백성들을 거짓으로 패한 척 도망하게 하여 적들이 스스로 성문을 열고 쫓아오도록 하셨습니다(15~17절).

3. 아이성의 군사들이 성문을 열고 도망치는 이스라엘 백성들을 쫓을 때 숨어 있던 복병들이 그 틈을 노려서 총공격하게 했습니다(18~23절). 그 결과 하나님의 계획대로 아이성은 쉽게 공략되었습니다.

4. 하나님께서는 백성들이 아이성 왕을 사로잡고 그 탈취 물을 모두가 나누어 가지도록 하셨습니다(24~29절).

∴ 하나님께서 이 전투의 선두에 서셔서 친히 지휘하신 것은 그 백성들을 격려하심으로 남은 가나안 정복도 하나님의 언약대로 감당하게 하시기 위함입니다.

관점을 중심으로 청중 문제 해결

사랑하는 성도 여러분!

1. 하나님에 대하여 오해하는 것은 없습니까?

죄에 대하여 진노하시는 하나님, 죄인에 대하여 편견을 가지신 하나님으로 생각하고 하나님을 멀리하거나 피한 적은 없습니까?

우리는 하나님에 대한 잘못되거나 고정된 시각 때문에 하나님과의 관계가 원활하지 못하게 된 경우가 많이 있습니다. 그 중의 하나가 하나님께 잘못을 저지르고 계속해서 그 감정에 사로잡혀 있는 것입니다. 범죄에 대한 패배감이나 좌절감을 떨쳐버리지 못하는 것입니다.

이런 사람들은 하나님께서 나에 대한 무서운 시각을 버리지 않고 계시다고 생각합니다. 그래서 모든 일에 의욕을 잃습니다.

2. 우리가 명심할 것은 그래도 하나님은 나를 잊으신 적이 없다는 것입니다. 하나님은 여전히 나를 사랑으로 돌보고 계십니다. 문제는 하나님을 향한 나의 잘못된 사고입니다.

1) 실패를 두려워하지 마십시오.

실패는 하나님께 버림을 당한 것이 아니라 하나님께 더 가까이 나아갈 수 있도록 문제를 제거하는 시간입니다. 하나님은 실패의 순간에도 나를 떠나시지 않습니다. 오히려 그분은 내 실패의 자리에 먼저 더 가까이 찾아오십니다.

2) 하나님은 나를 위하여 못하실 것이 없습니다.

하나님은 무너진 나를 다시 일으켜 세우시려고 당신의 전부를 내어주셨습니다. 그 아들 예수까지 아끼지 않고 내어주셨습니다. 우리는 이 하나님의 사랑과 열심을 잊지 말아야 합니다.

3) 하나님은 우리가 남겨진 사명을 다하도록 지금도 온갖 좋은 것들을 아낌없이 주시고 계십니다. 하나님의 손 안에 우리가 필요한 모든 것이 있습니다. 하나님께서 주시는 것은 모자람이 없습니다. 가장 적절한 시기에 하나님은 그것을 공급하십니다.

청중의 결단

* 건강한 교회는 하나님의 살아계신 역사들이 나타납니다. 자기 백성들을 이끄시는 하나님의 손길이 24시간 계속됩니다.
* 건강한 교회는 하나님의 격려와 상급을 누립니다. 헌신과 충성의 결과를 쏟아주시는 하나님의 사랑이 넘쳐납니다.
* 건강한 교회는 하나님보다 앞서지 않습니다. 오직 하나님의 계획대로 움직이며 그분의 뜻을 이루기위해서 모든 것을 집중합니다.

하나님보다 앞서 가지 마십시오!
하나님의 지시와 방법대로 살면 각양 좋은 것들이 준비되어 있습니다.

말씀을 기록하라는 명령은 여호와의 율법을 백성들이 듣고 기억하여 그 말씀대로 살아가도록 상당한 시간 율법을 들려주고 기억하도록 하려는 것입니다.

1부 관점설교

10 | 수 8:30~35

율법 낭독

말씀을 중심으로 모든 것을 결정하십시오. 말씀에 근거한 모든 신앙행위는 하나님께서 지켜보시고 그 결과를 말씀대로 주십니다.

* 율법

아이성 전투가 끝나고 여호수아와 백성들이 세겜 평지로 집결했습니다. 그리고 거기서 이들은 상당한 시간을 머물면서 아주 특별한 행사를 가졌습니다.
아직도 해야 할 일들이 산더미 같은데 왜 모든 것을 중단하고 무슨 일을 하려는 것일까요?

설교를 이끄는 관점

30~31절을 보면 이들이 제단을 쌓은 곳이 나옵니다.

"그 때에 여호수아가 이스라엘의 하나님 여호와를 위하여 에발 산에 한 제단을 쌓았으니 이는 여호와의 종 모세가 이스라엘 자손에게 명령한 것과 모세의 율법책에 기록된 대로 쇠 연장으로 다듬지 아니한 새 돌로 만든 제단이라 무리가 여호와께 번제물과 화목제물을 그 위에 드렸으며"

* 이해하기 힘든 일입니다.
이 에발 산에 도착하기 직전까지 이들은 전쟁을 치렀습니다. 그리고 계속해서 전쟁을 치러야 할 자들입니다. 그런데 전쟁 도중에 제단을 쌓았다는 것은 전쟁을 그만두겠다는 의미로 생각할 수 있습니다. 이런 생각을 할 수밖에 없는 것은 이들이 잠시 단을 쌓고

제사를 드리는 행사를 치르려는 것이 아니기 때문입니다.

32절을 보면 "여호수아가 거기서 모세가 기록한 율법을 이스라엘 자손의 목전에서 그 돌에 기록하매"

◆ 돌에 율법을 새긴다는 것은 단순하고 쉬운 작업이 아닙니다.
◆ 유대인들은 율법을 기록할 때 특별히 정성을 다합니다. 더구나 돌에 모세의 율법을 다 새겨 넣으려면 엄청난 시간이 소요될 것입니다.
◆ 왜 전쟁을 하다 말고 이들은 모세의 율법을 돌에 새기려는 것일까요?
◆ 에발 산은 저주가 선포된 곳입니다. 이들은 이곳에도 단을 쌓습니다. 왜 하필 이곳에 단을 쌓은 것입니까?
◆ 이들이 이곳에서 드린 번제와 화목제는 어떤 의미가 있습니까?
◆ 이들이 이런 일을 하는 이유는 무엇일까요?

하나님의 목적을 중심으로 해결

이들이 이곳에 단을 쌓고 번제와 화목제를 드린 것은 하나님께서 모세를 통하여 언약하신 것을 지키기 위해서입니다. 신 27:1~8에 하나님께서 모세를 통하여 이 백성들이 요단을 건너 약속의 땅을 차지하기 전에 반드시 단을 쌓고 여호와의 율법을 다시 상기하도록 명령하셨습니다.

"모세와 이스라엘 장로들이 백성에게 명령하여 이르되 내가 오늘 너희에게 명령하는 이 명령을 너희는 다 지킬지니라 너희가 요단을 건너 네 하나님 여호와께서 네게 주시는 땅에 들어가는 날에 큰 돌들을 세우고 석회를 바르라 요단을 건넌 후에 이 율법의 모든 말씀을 그 위에 기록하라 그리하면 네 하나님 여호와께서 네게 주시는 땅 곧 젖과 꿀이 흐르는 땅에 네가 들어가기를 네 조상들의 하나님 여호와께서 네게 말씀하신 대로 하리라 너희가 요단을 건너거든 내가 오늘 너희에게 명령하는 이 돌들을 에발 산에 세우고 그 위에 석회를 바를 것이며 또 거기서 네 하나님 여호와를 위하여 제단 곧 돌단을 쌓되 그것에 쇠 연장을 대지 말지니라 너는 다듬지 않은 돌로 네 하나님 여호와의 제단을 쌓고 그 위에 네 하나님 여호와께 번제를 드릴 것이며 또 화목제를 드리고 거기에서 먹으며 네 하나님 여호와 앞에서 즐거워하라 너는 이 율법의 모든 말씀을 그 돌들 위에 분명하고 정확하게 기록할지니라"

지금 여호수아는 이 언약의 말씀대로 이 백성들에게 여호와께서 원하시는 것이 무엇인가를 알려주고 있습니다.

당시에는 기록된 말씀을 지금처럼 누구나 가질 수 있는 현실이 아니었습니다. 그래서 대부분의 사람들은 자신들이 들은 말씀을 기억에 의존해야 했습니다. 이런 당시 상황을 고려할 때, 말씀을 기록하라는 명령은 여호와의 율법을 백성들이 듣고 기억하여 그 말씀대로 살아가도록 상당한 시간을 가지고 율법을 들려주고 기억하도록 하려는 것입니다.

1) 큰 돌에 여호와의 율법을 기록했습니다(32절).
이는 모두가 어디서나 볼 수 있도록 큰 돌에 글자를 크게 새겼다는 말입니다. 앉아서든지, 서서든지, 길을 가면서도 여호와의 율법을 볼 수 있게 한 것입니다.

2) 모두가 듣도록 큰 소리로 계속해서 낭독했습니다(34절).
듣고 기억하도록 반복적으로 들려주고 아멘으로 가슴에 새기도록 했습니다.

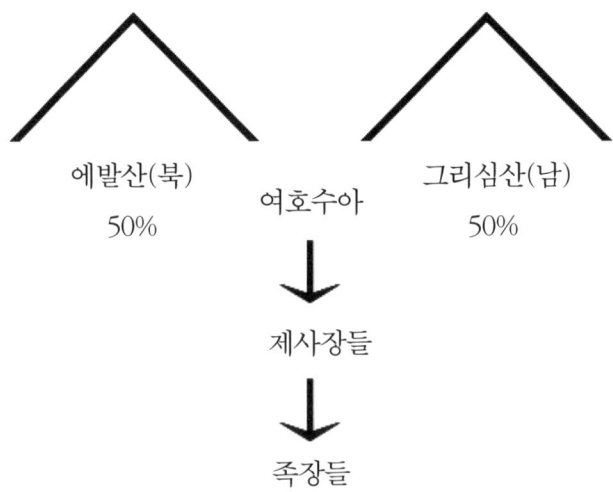

* 여호수아 → 선창
* 제사장들 → 후창 → 확성기 역할
* 족장들 → 받아서 후창 ⇒ 확성기 역할
* 에발산에 선 백성들 "아멘!"   * 그리심산에 선 백성들 "아멘!"

3) 상당한 시간 동안 백성들에게 이런 일을 행하도록 하신 것은 이 백성들이 하나님의 언약을 알고, 믿고, 행함으로 형통하게 하시려는 약속입니다. 남은 일정 동안 이 백성들이 여기서 새긴 하나님의 언약을 기억하고 그대로 행할 때 형통하게 하시려는 것입니다.

관점을 중심으로 청중 문제 해결

사랑하는 성도 여러분!

   1. 나는 하나님 말씀에 대하여 어떤 태도를 갖고 있습니까?

성경을 대할 때, 설교를 들을 때, 그것이 하나님의 말씀이라는 생각에 변함이 없습니까?
   이 말씀이 내 삶을 인도하고 있다는 신앙이 있습니까?
   하나님 말씀에 대한 꾸준한 태도를 보이고 있습니까?

   * 사실 우리는 하나님 말씀에 대한 태도가 아주 불성실합니다.
   하나님의 말씀이 내 삶의 중심에서 밀려난 적이 언제인지도 모릅니다. 그 결과 지금 하나님의 말씀은 내 삶에 거의 영향을 미치지 못하고 있습니다.

   * 사실 우리는 말씀에 많은 부담을 안고 있습니다.
   말씀 혹은 설교를 안 들을 수도 없고, 듣고 나면 마음 한구석이 불편한 적이 여러 번 있습니다. 때로는 말씀에 대한 불신과 거부감을 노골적으로 드러내기도 합니다. 하나님의 말씀은 나를 힘들게 합니다. 이것이 오늘 우리의 현실입니다.

2. 하나님은 말씀을 통하여 나와 교제하십니다.

하나님은 기록된 말씀을 떠나서는 아무 것도 하시지 않습니다. 그러므로 말씀을 떠난 자는 하나님과의 관계가 끊어진 것입니다. 말씀에 대한 태도를 바꾸어야 합니다.

1) 비록 이해가 되지 않고 받아들일 수 없을지라도 '아멘'으로 화답할 때 기적이 일어납니다. 내가 이해하고 받아들일 수 있는 것만 아멘 하는 것은 이성이지 신앙이 아닙니다.

2) 말씀에 대한 적극적인 태도를 가지십시오!
읽고, 듣고, 그 기록한 대로 행하는 자에게 복이 있습니다(계 1:3). 먼저 말씀 앞으로 나아가면 반드시 복을 받습니다.

3) 말씀을 근거로 행동하면 형통합니다.
말씀을 중심으로 모든 것을 결정하십시오. 말씀에 근거한 모든 신앙행위는 하나님께서 지켜보시고 그 결과를 말씀대로 주십니다.

4) 말씀의 지배=임재를 경험하십시오.
이는 성령 하나님의 살아계신 역사입니다. 지금도 하나님은 말씀을 통하여 우리를 찾아오시고 삶의 모든 것을 어루만지십니다.

청중의 결단

건강한 교회는 하나님의 말씀 위에 세워진 교회입니다. 이 교회는 말씀을 중심으로 모든 것을 움직입니다. 설사 손해가 되더라도 말씀을 벗어난 것에는 참여하지 않습니다.

말씀은 교회를 이끌어가는 동력입니다. 이 동력이 약한 교회는 부흥할 수 없습니다. 말씀을 듣고 행하는 교회는 반드시 형통합니다.

* 말씀을 벗어난 형통은 죄악입니다.
하루에 한 절이라도 묵상하고 실천하도록 노력합시다.
매일 성경읽기를 실천합시다.
매일 한 장 성경쓰기를 실천합시다.
이 중에 한 가지를 실천하시기 바랍니다.

하나님의 말씀을 악용하는 자들이 있습니다. 이들은 눈 앞에 보이는 자신의 이익만을 생각할 뿐 하나님의 진노와 자신이 당할 위기에 대해서는 어두운 자들입니다.

1부 관점설교

11 | 수 9:1~27

기브온과 조약

JOSHUA

 여호수아의 실수는 여호와께 묻지 않은 것입니다. 이는 지도자로서 신중하지 못한 부분입니다. 실수를 인정하고 바로잡을 줄 아는 용기 있는 지도자가 필요합니다.

＊ 속이다(동맹)

계속되는 여호수아 승전보는 주변에 있는 여러 민족들을 당황스럽게 했습니다. 위협을 느낀 그들은 가만히 앉아서 당할 수만 없기에 여러 반응들을 보였습니다.

＊ 연합군을 조성해서 여호수아와 싸우자고 모여들었습니다(1~2절).

"이 일 후에 요단 서쪽 산지와 평지와 레바논 앞 대해 연안에 있는 헷 사람과 아모리 사람과 가나안 사람과 브리스 사람과 히위 사람과 여부스 사람의 모든 왕들이 이 일을 듣고 모여서 일심으로 여호수아와 이스라엘에 맞서서 싸우려 하더라"

한마디로 힘을 합하여 이스라엘을 물리치자는 것입니다. 요단 서쪽 산악 지대와 해변, 평원을 가리지 않고 모든 왕들이 한 마음이 되었습니다.

＊ 이들과 달리 기브온 사람들은 여호수아를 속이고 동맹을 맺으려 했습니다(3~6절).

"기브온 주민들이 여호수아가 여리고와 아이에 행한 일을 듣고 꾀를 내어 사신의 모양을 꾸미되 해어진 전대와 해어지고 찢어져서 기운 가죽 포도주 부대를 나귀에 싣고 그 발에는 낡아서 기운 신을 신고 낡은 옷을 입고 다 마르고 곰팡이가 난 떡을 준비하고 그들이 길갈 진영으로 가서 여호수아에게 이르러 그와 이스라엘 사람들에게 이르되 우리는 먼 나라에서 왔나이다 이제 우리와 조약을 맺읍시다 하니"

이들은 히위 족속에 속한 자들로 기브온이란 마을에 살던 자들입니다. 이들은 아이성에 대한 소문을 듣고 자기들에게도 같은 일이 일어날 것이 두려워 여호수아를 속이기로 묘책을 강구했습니다.

자신들은 가나안의 원주민이 아니라 먼 곳에서 온 사람들이라고 속이고 이스라엘과 불가침 조약을 맺으려 한 것입니다. 그래서 기브온 사람들은 먼 길을 온 사람처럼 변장하고 여호수아를 찾아왔습니다(4~5절).

이들은 자신들이 먼 곳에서 온 사람들임을 믿게 하려고 해진 옷을 입었고, 마르고 곰팡이 낀 음식을 준비했고, 나귀에 낡아빠진 포도주 자루를 싣고 길갈에 있는 여호수아의 진영을 찾아갔습니다(6절).

설교를 이끄는 관점

왜 기브온 사람들은 자신들의 정체를 숨기면서까지 여호수아와 동맹을 맺으려는 것일까요?

잠깐은 속일 수 있지만 얼마 가지 않아서 정체가 탄로날 것이

뻔한데 왜 이런 무모한 짓을 하는 것일까요?

이들의 모습을 좀 더 살펴볼 필요가 있습니다.

7절을 보면, "이스라엘 사람들이 히위 사람에게 이르되 너희가 우리 가운데에 거주하는 듯 하니 우리가 어떻게 너희와 조약을 맺을 수 있으랴 하나"

아무리 변장해도 여러 사람의 눈을 속이기는 쉽지 않습니다. 이들을 수상히 여긴 이스라엘 백성들이 이들의 정체에 의구심을 제시합니다.

그러자 이들은 8~11절에서 이렇게 말합니다.

"그들이 여호수아에게 이르되 우리는 당신의 종들이니이다 하매 여호수아가 그들에게 묻되 너희는 누구며 어디서 왔느냐 하니 그들이 여호수아에게 대답하되 종들은 당신의 하나님 여호와의 이름으로 말미암아 심히 먼 나라에서 왔사오니 이는 우리가 그의 소문과 그가 애굽에서 행하신 모든 일을 들으며 또 그가 요단 동쪽에 있는 아모리 사람의 두 왕들 곧 헤스본 왕 시혼과 아스다롯에 있는 바산 왕 옥에게 행하신 모든 일을 들었음이니이다 그러므로 우리 장로들과 우리나라의 모든 주민이 우리에게 말하여 이르되 너희는 여행할 양식을 손에 가지고 가서 그들을 만나서 그들에게 이르기를 우리는 당신들의 종들이니 이제 우리와 조약을 맺읍시다 하라 하였나이다"

자신들을 의심하는 여호수아에게 느닷없이 땅에 엎드려 종으로 받아달라고 합니다. 그리고 여호와 하나님의 이름을 듣고 그 분이 어떤 분이시며, 어떤 일을 하셨는지를 알고 자기 나라 장로들과 백성들이 만장일치로 자기들을 보내어 종이 되겠다고 했으니 받아달라고 합니다.

이스라엘의 종으로라도 조약을 맺으려고 자기 나라 백성들이 뜨거운 음식을 만들어 주면서 보냈지만 먼 길을 오는 동안 이렇게 말라비틀어지고 곰팡이가 끼었다고 계속해서 거짓을 늘어놓았습니다.

◆ 왜 이들은 이스라엘과 조약 맺는 일에 목숨을 거는 것입니까?

◆ 결국 이들은 끝까지 거짓말로 여호수아를 속이고 불가침 조약을 맺었습니다. 과연 이렇게 거짓으로 맺은 조약도 효력이 있는 것일까요?

◆ 왜 여호수아는 이들의 속임수를 끝까지 알아채지 못한 것일까요?

하나님의 목적을 중심으로 해결

기브온 사람들이 이렇게 거짓으로라도 동맹을 맺으려고 한 것은 이들이 하나님의 말씀을 악용한 것입니다. 아마도 이들은 이스라엘 백성이 에발산에서 여호와의 말씀을 낭독할 때에 이 말씀을 듣고 이 말씀을 앞세워서 여호수아에게 종이 되겠다고 요청했을 것입니다(8절). 이들이 앞세운 언약의 말씀은 신 20:10~12절로 먼저 화평을 요청하는 자에 대한 언약이었습니다.

"네가 어떤 성읍으로 나아가서 치려 할 때에는 그 성읍에 먼저 화평을 선언하라 그 성읍이 만일 화평하기로 회답하고 너를 향하여 성문을 열거든 그 모든 주민들에게 네게 조공을 바치고 너를 섬기게 할 것이요 만일 너와 화평하기를 거부하고 너를 대적하여 싸우려 하거든 너는 그 성읍을 에워쌀 것이며"

이 일을 위하여 이들은 사전에 이스라엘에 대한 조사를 철저하게 했습니다.

1. 출애굽 사건과 광야생활 그리고 요단을 건넌 것과 여리고성과 아이성에 대한 모든 것을 알고 있었습니다(9~10절).

2. 기브온 전체가 이스라엘과 동맹을 맺기 위해서 상당한 시간을 가지고 의견을 일치시켰습니다(11절). 장로들과 모든 주민들이 동참하여 이 일을 논의한 것을 보면 아주 치밀한 준비가 사전에 있었습니다.
말라비틀어진 떡과 해진 옷들도 이들이 얼마나 철저하게 준비했는지를 보여주는 것들입니다.

3. 이런 기브온 사람들의 속임수에 넘어가 여호수아가 동의하고 족장들과 함께 이들을 받아주었습니다. 여기서 주목할 것은 여호수아가 이 일에 대하여 하나님께 묻지 않고 성급히 결정했

다는 것입니다(14~15절).

　여호수아가 이들에게 의심 가는 구석이 있었음에도 받아 준 것은 이들이 여호와의 이름과 하신 일들을 말했기 때문입니다. 하나님의 이름을 앞세운 것 때문에 의심은 갔지만 여호와께 묻지도 않고 성급하게 받아 준 것입니다.
　이들은 여호와의 이름과 언약을 앞세워 거짓을 행한 것입니다. 자신들의 목적을 위해서 하나님의 이름과 언약을 악용한 자들입니다.

　4. 결국 기브온 사람들의 실체가 사흘 만에 드러났습니다(16~22절).
　* 이들이 이웃에 거주하는 자임을 알았고,
　* 확인하기 위해서 기브온에 사람을 파송했습니다.
　* 기브온의 여러 성읍들을 발견했으나
　* 여호와의 이름으로 맹세했기에 기브온을 치지 못했습니다.
　* 여호수아는 그들을 그들의 말대로 종의 신분으로 저주했습니다(23~27절).

　** 여호수아가 기브온 사람들의 속임수가 드러났음에도 치지 못한 이유가 있습니다.
　여호와의 이름으로 맹세했기 때문에 파기하면 여호와의 이름을 모욕하게 되며, 조약을 먼저 파기하는 쪽이 모든 책임(죄)을 감당해야 하는 부담을 져야 했기 때문입니다.

관점을 중심으로 청중 문제 해결

사랑하는 성도 여러분!

1. 오늘 우리 주변에도 하나님의 말씀을 악용하는 자들이 있습니다.

자신의 이익을 위하여 수단과 방법을 가리지 않고 하나님의 말씀을 앞세우는 자들이 많습니다.

* 자신의 이기적인 행동을 말씀을 근거로 합리화(정당화) 하기도 합니다.
* 사업이나 이익을 위한 수단으로 삼기도 합니다.
* 자신을 포장하기 위한 수단으로 쓰기도 합니다.
* 사람들을 유혹(미혹)하려는 목적으로 삼기도 합니다.

이들은 눈앞에 보이는 자신의 이익만을 생각할 뿐 하나님의 진노와 자신이 당할 위기에 대해서는 어두운 자들입니다. 만일 우리 중에 사사로운 이익이나 자신의 위기를 모면하기 위해서 이런 일을 하는 자가 있다면 경계로 삼아야 합니다.

2. 여호수아의 실수까지도 품어주시는 하나님입니다.

분명히 여호수아는 기브온에 속아서 언약을 맺었습니다. 그런데 왜 거짓을 앞세운 기브온 족속을 살려 주셨습니까?

1) 여호와의 이름을 앞세운 맹세를 존중하셨기 때문입니다.
여호와는 거짓이 없으시기 때문입니다. 여호와는 자신의 이름 걸고 서약한 것을 함부로 변경하지 않으십니다.

2) 하나님이 세우신 여호수아의 지도력을 인정해주셨습니다.
그것이 비록 실수라고 할지라도 하나님은 세우신 지도자의 권위를 인정해 주셨습니다. 이는 지도자에 대한 하나님의 격려입니다.

3) 하나님의 말씀을 악용했지만 언약을 근거로 하나님을 믿고 행동했기 때문에 은혜를 베푸셨습니다. 비록 기브온 사람들이 속임수를 사용했더라도 하나님과 그 백성들을 향한 믿음으로 행동한 것을 아셨기 때문입니다.

청중의 결단

건강한 교회는
선악을 구분할 줄 아는 교회입니다. 양의 가면을 쓴 이리들을 분별하는 능력을 가진 교회입니다.
건강한 교회는
설사 자신이 잘못을 저질렀다 할지라도 하나님의 이름을 존중히 여기려고 끝까지 약속을 지키는 교회입니다.
건강한 교회는
잘못된 것을 바로 잡을 줄 아는 교회입니다.

여호수아의 실수는 여호와께 묻지 않은 것입니다.

이는 지도자로서 신중하지 못한 부분입니다.

실수를 인정하고 바로잡을 줄 아는 용기 있는 지도자가 필요합니다.

여호수아가 태양을 멈추겠다는 소리가 아닙니다. 여호수아는 기브온과 아모리 다섯 왕에게 하나님이 어떤 분이신가를 보여 주려는 것입니다.

1부 관점설교

12 | 수 10:1~14

태양아 머무르라!

 기브온은 언약을 근거로 여호수아의 도움을 요청했고, 여호수아는 언약을 지키기 위해서 하나님께 태양을 멈추어 달라고 요청했습니다.

✳ 태양아 머무르라

기브온이 여호수아와 동맹한 소식을 예루살렘 왕 아도니세덱이 듣고 아모리 다섯 왕과 연합하여 기브온을 공격했습니다. 이들이 기브온을 공격한 것은 위협을 느꼈기 때문입니다. 당시 기브온은 강한 족속이었습니다(2절). 여호수아와 기브온이 연합한다면 더 이상 자신들이 감당할 수 없음을 알기에 같은 생각을 가진 아모리 다섯 왕들이 동맹하여 먼저 공격 했습니다.

5절에 "아모리 족속의 다섯 왕들 곧 예루살렘 왕과 헤브론 왕과 야르뭇 왕과 라기스 왕과 에글론 왕이 함께 모여 자기들의 모든 군대를 거느리고 올라와 기브온에 대진하고 싸우니라"

다급해진 기브온 사람들이 길갈에 있는 이스라엘 진영에 사람을 보내어 여호수아에게 도움을 청합니다(6절). 소식을 들은 여호수아는 모든 군사를 이끌고 길갈에서 올라갔습니다. 여호와께서 이런 여호수아의 결정을 응원하셨습니다.

8절에 "그 때에 여호와께서 여호수아에게 이르시되 그들을 두려워하지 말라 내가 그들을 네 손에 넘겨 주었으니 그들 중에서 한 사람도 너를 당할 자 없으리라 하신지라"

여호수아가 밤새도록 군사를 이끌고 갑자기 그들에게 나타나자 모두 놀라지 않을 수 없었습니다. 거의 20마일(33km) 되는

거리를 밤새 달려올 줄은 아무도 예상하지 못했기 때문입니다.
　전투가 시작되면서 여호수아의 군사들은 적군들을 크게 도륙하면서 급속하게 세력을 넓혀나갔습니다. 당황한 적군들이 도망할 때는 하나님께서 하늘에서 큰 우박을 내려서 적들을 직접 치시므로 칼에 죽은 자보다 우박에 맞아죽은 자가 더 많았습니다(11절).

설교를 이끄는 관점

　그런데 갑자기 여호수아가 큰 소리로 하늘을 향하여 소리를 쳤습니다.

　12절 "태양아 너는 기브온 위에 머무르라 달아 너도 아얄론 골짜기에서 그리할지어다"

　태양을 향하여 멈추라고 소리친 것입니다!
　이런 말도 안 되는 소리가 어디 있습니까? 인간이 무슨 힘으로 태양과 달을 멈추게 한단 말입니까? 지금 여호와께서 이 전쟁을 도우시고 계십니다. 여호와께서 여호수아의 이 소리를 들으시고 얼마나 기가 막히셨겠습니까?

　지금 여호수아가 몇 번 전쟁을 승리로 이끌더니 하나님노릇을 하려고 합니다. 하나님 외에는 태양과 달을 멈출 수 있는 자는 아무도 없습니다. 이런 여호수아의 음성은 하나님을 업신여기는 행위입니다.

*정말로 태양이 멈춘다면 끔찍한 일이 일어납니다.
태양이 멈추는 것이 아니라 지구가 멈추는 것입니다. 정말로 이런 일이 벌어진다면 지구 안에 있는 수많은 사람들이 죽임을 당할 것이며, 자연세계는 엉망진창으로 파괴되고 말 것입니다.

*지구의 자전 속도는 1660km 정도입니다.
만일 1초만 멈춘다면 지구상의 모든 생물과 인공구조물들은 산산조각이 날 것이며 인간들은 마치 옥상에서 물을 부으면 물이 산산이 부셔져 내리는 모양처럼 분해된다고 합니다. 1660km 속도의 강풍을 견딜 수 있는 것은 지구상에 아무것도 없습니다.

*왜 이런 말도 안 되는 소리를 하는 것입니까?
태양, 아니 지구가 멈춘다면 여호수아를 비롯한 모든 자들이 몰살하여 흔적도 찾지 못할 것인데 이런 어마어마한 사실을 알고나 하는 소리인지 모르겠습니다. 있을 수도 없고, 절대 있어서도 안 되는 일입니다.

하나님도 같이 싸워주시니 얼마든지 승리가 보장된 전쟁입니다. 여호수아의 이런 음성은 어떤 면에서 하나님을 무시하는 불신 음성입니다.
왜 여호수아는 전쟁을 하다말고 이런 말도 안되는 소리를 하는 것입니까?

하나님의 목적을 중심으로 해결

여호수아가 태양을 멈추겠다는 소리가 아닙니다. 여호수아는 기브온과 아모리 다섯 왕에게 하나님이 어떤 분이신가를 보여주려는 것입니다.

여호수아는 이 전쟁을 마무리 하려면 시간이 좀 더 필요했습니다. 하지만 자신의 힘으로는 어찌 할 수 없음을 알고 있었습니다.
그래서 그는 하나님께 도움을 요청한 것입니다.

"하나님 시간을 좀 더 주세요! 하나님의 손길이 절실히 필요합니다. 하나님만 도우시면 오늘 이 전쟁을 마칠 수 있습니다"

마침내 하나님께서는 여호수아의 소리를 들어주셨습니다.

14절 "여호와께서 사람의 목소리를 들으신 이같은 날은 전에도 없었고 이후에도 없었나니 이는 여호와께서 이스라엘을 위하여 싸우셨음이니라"

결국 여호수아는 하나님의 도우심으로 전쟁을 승리로 마무리하고 길갈로 돌아왔습니다. 하나님께서 여호수아의 음성을 듣고 태양을 멈추어 주셨기 때문입니다.

13절 "태양이 머물고 달이 머물기를 백성들이 그 대적에게 원수를 갚기까지 하였느니라"

하나님께서 태양을 멈추신 것은,

1. 여호와의 이름으로 언약을 맺었기에 하나님께서 언약을 지키신 것입니다(14절).
그래서 언약의 당사자이신 하나님께서 전쟁에 직접 참여하셨습니다. 친히 백성들과 싸우시므로 언약을 지키시는 하나님이심을 보여주셨습니다.

2. 여호수아의 믿음 때문입니다.
태양을 향하여 소리를 지른 여호수아의 행동은 자칫하면 교만한 자의 모습처럼 보여질 수 있습니다. 하지만 하나님은 여호수아의 음성에서 그의 믿음을 확인하셨습니다.
그가 태양을 향하여 소리를 지른 것이 아니라 하나님을 향하여 태양을 멈추어 달라는 믿음의 소리임을 아셨습니다. 여호수아의 믿음이 하나님을 움직였습니다. 그의 믿음이 태양을 멈추게 했습니다.

3. 여호수아가 끝까지 언약을 지키도록 하시기 위함입니다(20~21절).
여호수아에게 시간을 주심으로 기브온 백성들을 구하고 대적들을 끝까지 무찔러서 언약을 지키게 하셨습니다.
태양이 멈춘 이후 대적들은 완전히 섬멸을 당했고 어느 한 사람도 혀를 놀려서 이스라엘을 대적하는 자가 없었습니다.

관점을 중심으로 청중 문제 해결

사랑하는 성도 여러분!
1. 우리에게도 예상치 못한 대적들이 일어날 때가 있습니다.
우리의 힘으로는 도저히 상대할 수 없는 대적으로 인하여 낙심할 수밖에 없는 일이 있습니다. 여호수아의 경우처럼 누군가를 도와주고 싶지만 여력이 부족하여 마음만 안타깝게 여긴 적도 있습니다.

* 이런 경우 여러분은 어떻게 하셨습니까?
* 누군가 나에게 도움을 요청했을 때 어떻게 하셨습니까?
* 그때 나는 누구에게 도움을 요청했습니까?

2. 기브온은 언약을 근거로 여호수아의 도움을 요청했고, 여호수아는 언약을 지키기 위해서 하나님께 태양을 멈추어 달라고 요청했습니다.

1) 언약은 문제를 해결하는 근거입니다.
언약=약속=계약은 문제 발생 시에 그 효력이 시작됩니다.
언약이 없으면 도움을 받을 근거가 없으므로 도울 길이 없습니다.
성경은 하나님의 도우심을 받을 수 있는 언약입니다.
하나님은 성경=언약=약속을 근거로 문제를 해결하십니다.
하나님은 언약을 지키시기 위하여 독생자도 아낌없이 보내주셨습니다.

2) 믿음은 태양을 멈추게 합니다.

지금 믿음으로 소리를 지르십시오. 태양이 멈추도록 소리를 지르십시오!

믿음은 하나님을 움직이게 합니다. 하나님을 움직이게 할 수 있는 것은 오직 믿음입니다. 하나님은 믿음의 사람이 외치는 음성을 절대로 놓치지 않습니다.

3) 지금도 하나님은 태양을 멈추고 계십니다.

언약백성들이 위기를 극복할 수 있도록 무엇이든 주저하시지 않습니다. 당신의 백성들을 끝까지 책임져 주십니다.

청중의 결단

건강한 교회는 태양을 멈추게하는 믿음의 사람들이 있습니다. 하나님의 보좌를 흔드는 믿음의 사람들이 있습니다.

건강한 교회는 태양이 멈추고 원수가 소멸하는 이적이 나타나는 교회입니다.

건강한 교회는 믿음소리가 쉬지 않고 울려퍼지는 교회입니다. 믿음소리가 하늘을 향하여 올려지는 교회입니다.

문제의 현장에서 소리를 지르십시오!
하나님을 향하여 소리를 지르십시오!(14절)

레위 지파는 저주의 사람이었습니다. 하지만 지금은 축복의 사람으로 바뀌었습니다. 모두가 사실입니다. 레위 지파가 저주의 사람에서 축복의 사람으로 바뀐 것에는 이유가 있습니다.

1부 관점설교

13 | 수 13:33 (신 33:8~11)

레위 지파

 바로 내가 이 시대의 레위 지파입니다. 하나님은 나를 통하여 나와 내 집을 복 주시려고 나를 구별 된 하나님의 사람, 성도로 부르셨습니다.

* 레위

    창 49:5~7에서 레위 지파는 아버지 야곱으로부터 저주를 받습니다. 그 저주의 핵심은 레위 지파가 흩어진다는 것입니다. 그들의 존재감을 없애버린다는 뜻이었습니다. 이때 동일한 저주를 받았던 시므온은 유대 지파에 편입되어 지파의 명맥이 사라졌습니다.

    그런데 신명기 33:10~11절에 보면 레위 지파에 대한 전혀 다른 이야기가 나옵니다. 이상한 것은 레위 지파에 대한 예언이 저주가 아니라 축복으로 바뀌어져 있다는 사실입니다.

설교를 이끄는 관점

    어떻게 이럴 수가 있습니까?
    성경이 동일한 사람에게 한 곳에서는 저주를 한 곳에서는 축복을 선포하다니, 어느 것이 진짜입니까?

    여호수아 13장에서 19장까지가 각 지파의 땅 분배 과정을 말하고 있는데 분명한 것은 레위 지파는 한 평의 땅도 분배 받은 사실이 없습니다.

    그런데 신 33:11절에서 "이들의 재산을 풍족하게" 한다는 내용이 복으로 선포되었습니다. 이들에게 아무것도 주지 않았는데 어떻게 그들의 재산이 풍족하게 되는 복을 누릴 수 있단 말입니까?

그렇다면 창 49장에서 아버지 야곱이 내린 저주는 어떻게 된 것입니까? 레위 지파는 축복의 사람들입니까? 아니면 저주의 사람들입니까? 레위 지파에 대한 진실은 무엇입니까?

하나님의 목적으로 해결

레위 지파는 저주의 사람이었습니다. 하지만 지금은 축복의 사람으로 바뀌었습니다. 모두가 사실입니다. 레위 지파가 저주의 사람에서 축복의 사람으로 바뀐 것에는 이유가 있습니다.

출 32:25~29절이 그 답입니다.
광야생활 중 모세가 잠시 하나님과 독대하기 위해서 자리를 비운 사이 이스라엘 백성들이 무서운 범죄를 저질렀습니다. 바로 금송아지 사건입니다. 이때 하나님께서는 그 백성들을 처벌하는 것을 그 형제들에게 맡겼습니다.

백성들 스스로 문제의 사람들을 처단하도록 하셨습니다. 그 일에 가담한 자들을 서로 죽이게 한 것입니다. 얼마나 끔찍한 일입니까? 자신들의 손으로 범죄한 부모와 형제 그리고 자식들을 죽이라 하셨으니…. 하지만 아무리 하나님의 명령이라도 누가 함부로 나서서 이들을 향하여 칼을 겨눌 수 있겠습니까?

모두가 나서기를 어려워할 때 레위 지파가 선두에 서서 이 일을 처리합니다. 허리에 칼을 차고 금송아지를 만들어 하나님께 범죄한 자들을 삼천 명이나 도륙했습니다.

이 일을 계기로 레위 지파에 대한 형벌이 축복으로 바뀌었습니다. 하지만 이들은 영원히 땅을 분배받지 못하는 저주는 감당해야 했습니다. 그러나 이들의 헌신으로 형제들의 축복을 공유하는 축복의 사람으로 바꾸어 주셨습니다.

* 하나님은 이들이 사는 동안 기업의 분깃은 없지만 이들이 풍족한 재산을 누리도록 복을 주셨습니다. 이것이 어떻게 가능했을까요?

1. 하나님께서 주신 사명을 제대로 감당할 때 가능하게 하셨습니다. 레위 지파가 받은 사명은 10절에 나타납니다.
   1) 주의 법도를 가르치며
   2) 주 앞에서 분양하고
   3) 온전한 번제를 드리는 것입니다.

레위 지파가 이 사명을 잘 감당하면 누가 복을 받겠습니까?
그렇습니다. 그 형제들이 복을 받습니다. 그 형제들이 복을 받으면 그 복을 누구에게 돌려드리겠습니까? 당연히 하나님께 돌려드립니다. 이것이 십일조와 봉헌물입니다. 이 헌물을 통하여 레위 지파가 복을 누리게 하신 것입니다.

2. 레위 지파가 누릴 복은 11절에 나타납니다.

레위 지파의 재산이 풍족한 것은 하나님의 집이 풍성한 것입니다. 그 형제들이 복을 받은 증거입니다. 하나님과 백성들이 레위 지파를 통하여 관계가 잘 지속되고 있음입니다.

그러므로 레위 지파를 대적하거나 힘들게 하면 그 형제들이 복을 누리는 데 어려움을 겪게 됩니다. 그래서 하나님은 레위 지파를 대적하는 자의 허리를 꺾으신다고 하셨습니다.

3. 레위 지파를 형제들을 복 주는 대상으로 바꾸어 놓으셨습니다. 레위 지파가 형제들을 똑바로 가르쳐서 하나님을 잘 섬기도록 그 백성들을 교훈할 때 레위 지파와 그 백성 모두가 복을 누리게 하셨습니다.

관점을 중심으로 청중적용

1. 우리 안에도 레위 지파가 있습니다.

우리를 복 받게 하고, 우리 공동체를 풍족하게 하시려는 하나님의 계획들이 이들을 통하여 지금도 이루어져가고 있습니다. 하나님은 이들을 통하여 그 형제들을 복 주시기를 원하십니다. 하지만 우리는 이들이 누군지 모릅니다. 이들의 존재를 가볍게 여기고 업신여기기도 합니다.

* 21세기 레위 지파는 누구입니까?
* 정말 이들이 레위 지파처럼 우리를 풍족한 세계로 인도할 수

있습니까?

맞습니다. 우리에게 레위 지파처럼 축복을 주는 사람들이 있습니다. 바로 내가 이 시대의 레위 지파입니다. 하나님은 나를 통하여 나와 내 집을 복 주시려고 나를 구별된 하나님의 사람, 성도로 부르셨습니다. 그리고 직분까지 주셨습니다.

내가 주의 법도를 지켜야 할 자입니다.
내가 하나님께 분향해야 할 자입니다.
내가 하나님께 온전한 제사를 드려야 할 자입니다.
내가 이런 축복의 사람, 구별된 존재라는 사실을 모르고 살아가는 것이 문제입니다. 내가 이 시대의 축복의 사람입니다. 복을 주는 사람입니다.

내가 이렇게 살면, 나로 인하여 내 형제가, 내 주변이 복을 받는다는 사실을 모르고 딴짓을 하면서 살았습니다. 오늘 나를 바로 세워야 합니다.

2. 여러분 중에 내 분깃이 없다고, 복을 누릴 터전, 텃밭이 없다고 현실을 탓하며 살아가는 자가 있습니까! 오늘 나도 축복의 사람이 될 수 있습니다.
레위 지파는 땅 한 평이 없어도 그들을 통해 영광을 받으셨고 풍족하게 하셨습니다.

우리도 이런 복을 누릴 수 있습니다.

1) 주의 법도를 지키면 됩니다.

　내 마음대로 사는 것은 하나님을 거부하는 삶입니다. 복은 하나님께서만 주실 수 있습니다. 하나님의 말씀대로 사는 것이 풍족한 복을 누리는 방법입니다. 주의 법은 내게 복이 오는 통로입니다.

2) 분향과 제사는 하나님과의 관계입니다.

　하나님과 바른 관계를 유지해야 합니다. 하나님과의 관계가 무너지면 아무리 풍족한 삶이라도 안전할 수 없습니다. 지금 하나님과의 관계가 어떻습니까? 관계를 증명하는 것이 소통입니다. 하나님과 어떻게 소통하고 있습니까?

　3) 내가 바로 살아야 형제들이 복을 누립니다.

　하나님은 나를 통하여 나와 내 집을 복 주시기 원하십니다. 지금도 나를 통한 하나님의 계획이 이루어져가고 있습니다. 내가 살아야 합니다. 하나님은 나를 주목하십니다.

관점을 중심으로 청중문제 해결

　건강한 교회는 형제들을 복 받게 하는 교회입니다.
　다른 사람을 일으키고 풍족하게 하는 교회가 진정한 레위 지파입니다.

　하나님은 우리 교회를 통하여 나와 세상을 찾아오십니다.

우리 교회는 이 지역의 레위 지파입니다.

형제와 하나님 사이에 중재자가 되어야 합니다.
레위 지파는 형제와 하나님을 중재하는 자들이었습니다.
중재자는 화목케 하는 자입니다.

하나님과 백성 사이를 화목케 하는 자.
성도와 성도 사이를 화목케 하는 자.

관계 중심적인 신앙에 주력해야 합니다.
나 홀로 신앙이어서는 안 됩니다.

하나님, 가족, 이웃, 형제들을 복 받게 하는 관계 중심적인 삶을 살아야 모두가 살 수 있습니다.

갈렙은 유다 지파의 대표로서(민 13:6, 8) 정탐꾼의 임무를 마치고 돌아와서 열 명의 정탐꾼과 전혀 다른 보고를 했습니다. 그 결과 민수기 14:22~24의 약속을 받았습니다.

1부 관점설교

14 | 수 14:6~14

갈렙

JOSHUA

 갈렙은 하나님의 언약을 잊지 않고 45년을 기다릴 줄 아는 사람입니다. 하나님의 시간표를 기다릴 줄 아는 그는 큰 바위 같은 사람이었습니다.

* 산지(언약)

가나안의 남쪽 왕들은 이스라엘과 기브온의 동맹으로 상당한 충격을 받았습니다(10:1~5).

그래서 다섯 왕이 동맹을 하고 기브온에 대한 보복으로 선제공격을 하려고 했습니다.

그러면 이스라엘의 세력 확장을 막을 수 있다고 생각했습니다. 하지만 이스라엘과의 언약으로 여호수아가 도왔고 그들은 패배했으며 이제 가나안의 남쪽 왕들까지 무너져갔습니다(10:28~43).

그 후 여호수아는 무려 7년여 시간 동안 북쪽 가나안을 진격하여 하나님의 도우심으로 승리해 나갔습니다. 하나님을 힘입어 31명의 왕들이 참패했습니다(12:24).

그리고 전쟁이 그쳤습니다(11:23). 하나님은 나이 많은 여호수아에게 전쟁을 그치고 각 지파마다 땅을 분배하도록 하셨습니다(13:1~7).

갈렙은 유다지파의 대표로서(민 13:6, 8) 여호수아를 도와서 광야생활에 이어 가나안 정착에 결정적인 도움을 준 사람입니다.

광야 1세대가 하나님의 진노로 요단을 건너지 못했지만 갈렙은 예외였습니다.

가나안 입성 후 그동안 숨어있던 갈렙이 그들의 전면에 나타났습니다.

설교를 이끄는 관점

여호수아를 찾아온 갈렙은 특별한 요청을 합니다.

12절 "그 날에 여호와께서 말씀하신 이 산지를 지금 내게 주소서"

지금 모든 지파들이 땅을 분배받는 일에 촉각을 세우고 있습니다. 그런데 지도자격인 갈렙이 땅을 지목하고 자신에게 그 땅을 당장 내어달라고 합니다.

갈렙은 여호수아와 함께 요단을 건너온 광야 1세대로서 여호수아와 함께 백성들의 지도자였습니다. 하지만 지금까지 갈렙의 존재는 거의 나타나지 않았습니다. 그런데 갑자기 나타나서 자신의 땅을 달라니 납득이 되는 말입니까?

다른 지파들도 자신들이 가지고 싶은 땅이 있을 것입니다. 하지만 모두 공평하게 제비를 뽑아서 나누어 가지고 있습니다. 이런 상황에서 갈렙이 자신이 원하는 땅을 제비뽑지 않고 가져가겠다는 말은 모든 백성들을 무시하고 여호수아를 내세워 특혜를 누리겠다는 처사입니다.

* 이런 갈렙의 행동을 가만 둘 자가 누가 있겠습니까?
* 왜 갑자기 자신이 지목하는 산지를 달라고 합니까?
* 도대체 갈렙이 요구한 산지는 어디입니까?

하나님의 목적을 중심으로 해결

갈렙이 이런 요구를 하는 것은 정당한 이유가 있기 때문입니다.

9절 "그 날에 모세가 맹세하여 이르되 네가 내 하나님 여호와께 충성하였은즉 네 발로 밟는 땅은 영원히 너와 네 자손의 기업이 되리라 하였나이다"

갈렙은 유다 지파의 대표로서(민 13:6, 8) 정탐꾼의 임무를 마치고 돌아와서 열 명의 정탐꾼과 전혀 다른 보고를 했습니다. 그 결과 민수기 14:22~24의 약속을 받았습니다.

그래서 갈렙은 그때 모세를 통하여 하나님께서 언약하신 것을 이제 이루어달라고 요청한 것입니다. 그 결과 여호수아는 하나님의 언약을 근거로 갈렙에게 약속하신 헤브론 산지를 내어 주었습니다(13~15절).

헤브론 산지를 갈렙이 분배를 받는 것에 아무도 이의를 제기하지 않았습니다. 그가 특혜를 누린 것이 아니라 약속에 근거한 정당한 복을 받는 것이었기 때문입니다.

갈렙은 축복의 사람입니다.

1. 그는 하나님을 온전히 따른 자였습니다.
이런 갈렙의 신앙을 7절에서 "성실하게 한마음으로" 8절과 9

절은 "여호와께 충성했다"고 소개하고 있습니다. 한마디로 그는 하나님께 변함없는 신실한 자였습니다.

2. 다수의 편이 아니라 하나님의 편에 선 자였습니다.
열 명의 정탐꾼들이 한결같은 말을 할 때 그는 여호수아와 함께 하나님이 원하시는 것이 무엇인지를 보여주었습니다. 그는 다수의 공격 앞에서 하나님 편에서 말하고 행동한 자였습니다.

3. 군중의 압박 속에서도 믿음으로 행동한 사람이었습니다(8절).
열 명의 보고를 들은 백성들이 두려움으로 인하여 여호수아와 갈렙을 협박하고 가나안 진입을 포기하자고 압박을 했지만 그는 끝까지 믿음을 잃지 않았습니다.

4. 동료 지도자에게 가려졌지만 한결같은 사람이었습니다.
갈렙은 초기에 정탐꾼으로 등장하고 이후 45여년의 시간동안 여호수아 뒤에 가려진 사람이었습니다.
하지만 한결같이 여호수아를 도와서 가나안 정복을 이끈 사람이었습니다. 그는 1인자 같은 2인자였습니다.

5. 그는 45년 만에 응답받은 사람입니다.
갈렙은 하나님의 언약을 잊지 않고 45년을 기다릴 줄 아는 사람입니다. 하나님의 시간표를 기다릴 줄 아는 그는 큰 바위 같은 사람이었습니다.

관점을 중심으로 청중 문제 해결

사랑하는 성도 여러분!

1. 나는 축복의 사람입니까?
나는 어떤 사람인지를 한 번 점검해보시기를 바랍니다.

* 나는 하나님의 명령에 어떤 반응을 합니까?
* 나는 하나님이 맡기신 일에 어떤 자세를 보입니까?
* 나는 하나님이 하시는 일에 어떤 태도를 보입니까?

* 나는 다수 앞에서 내가 가진 신앙과 신앙의 비전을 굽히거나 포기한 적이 있습니까?
* 가까운 동료가 나보다 더 나은 것을 누릴 때 나는 어떤 심정과 태도를 가졌습니까?
* 가까운 동료 때문에 나의 권리와 권위 그리고 존재감이 무시당했을 때 나는 어떤 태도를 가졌습니까?

2. 복은 우연이 아닙니다.
하나님은 언약을 잊지 않으시고 반드시 복을 주시는 분이십니다. 하나님은 갈렙의 시간을 45년 동안 잊지 않고 계셨습니다.

1) 축복의 사람은 언약을 믿고 변하지 않습니다.
축복의 사람들은 한결같이 언약을 믿었고 그 언약이 진행되는 동안 그 믿음이 변하지 않았습니다. 지금 내 안에 언약에 대한 신실한 태도가 살아있습니까? 내가 받을 복을 믿고 변하지 마십시오!

2) 갈렙은 85세였지만 비전을 놓치지 않고 도전했습니다.

비전과 나이는 별개의 문제입니다. 나이가 많아서 못하는 것이 아니라 비전이 없어서 못하는 것입니다. 비전과 믿음은 한 바퀴입니다. 갈라질 수 없는 관계입니다.

지금도 늦지 않았습니다. 비전을 품고 당장 도전하십시오!

3) 하나님께서는 나를 잊고 계신 적이 없습니다.

지금 하나님 안에 내가 있습니다. 그 분은 한 순간도 나를 놓치지 않고 나를 품고 계십니다. 때가 되면 반드시 약속하신 것을 이루십니다.

청중의 결단

건강한 교회에는 갈렙이 있습니다. 기다릴줄 아는 사람이 있습니다. 믿음으로 변하지 않는 사람이 있습니다.

건강한 교회에는 축복의 사람이 있습니다. 반드시 복을 받고야 마는 복된 사람들이 있습니다.

건강한 교회에는 지도자를 더 지도자답게 하는 사람이 있습니다. 1인자 같은 2인자가 많은 교회가 건강한 교회입니다.

갈렙이 머무는 교회는 건강한 교회입니다.

* 한 마음으로 변함없이 주를 섬깁시다.
* 동료를 잘되게 하는 사람이 됩시다.
  주변을 잘 되게 하는 사람이 됩시다.

도피성은 재판을 받아 그의 살인이 고의성이 없다는 판결을 받거나 제사장이 죽기까지 머물면서 대기하는 곳입니다. 새로운 시작을 위하여 모두가 회복하는 곳입니다.

1부 관점설교

15 | 수 20:1~9

피할 수 있어야 합니다!

 하나님은 회복과 일어섬을 위하여 우리교회(공동체)를 만드셨습니다. 교회는 일으키고 회복시키는 일을 우선해야 합니다. 교회의 사명은 살리고 일으키고 회복시키는 것입니다.

* 도피성

우리 주변에서 극단적인 선택을 하는 사람들의 이야기가 종종 들립니다. 이들이 이런 선택을 하는 이유는 더 이상 피할 곳이 없다고 생각하기 때문입니다.

그런데 오늘 본문 2~3절을 보면 이런 상황과 정 반대되는 이야기가 나옵니다.

"이스라엘 자손에게 말하여 이르기를 내가 모세를 통하여 너희에게 말한 도피성들을 너희를 위해 정하여 부지중에 실수로 사람을 죽인 자를 그리로 도망하게 하라 이는 너희를 위해 피의 보복자를 피할 곳이니라"

설교를 이끄는 핵심

사람을 죽인 자가 도망하도록 피할 곳을 마련하라고 합니다. 아무리 부지중, 즉 고의성이 없다 하더라도 그는 살인자입니다. 살인자가 아무런 죗값도 치르지 않고 살아가도록 안전한 장소를 일부러 마련한다는 것은 말이 안 됩니다.

이런 일이 생긴다면,
살인자의 손에 죽은 자의 억울함은 누가 보상한단 말입니까?
이것은 죽은 자의 가족들과 주변 사람들에게 상처와 아픔을 가중시키는 일입니다. 자신의 아비나 형제를 죽인 자가 아무런 대가를 치르지 않고 오히려 안전하게 보호를 받으며 살고 있다면 이것은 누군가에게 평생 씻을 수 없는 아픈 흔적을 남기는 일입니다.

고의성 없이 사람을 해쳤다 해도 그는 살인자입니다.
살인자는 반드시 죗값을 치러야 합니다. 사람을 죽이고도 안전하게 살 수 있다면 얼마나 많은 살인들이 일어나겠습니까? 정말 무서운 세상이 될 것입니다. 모두가 나서서 이런 곳을 만들지 못하도록 적극적으로 막아야 합니다.

고의성이 없다는 것을 누가 판단할 수 있습니까?
안전하게 피할 곳이 있는데 누가 고의적으로 살인했다고 하겠습니까?

더 이상한 것은 이런 안전한 도피처가 한두 군데가 아니라 작은 이스라엘 땅에 여섯 곳이나 된다니 믿기지 않는 일입니다. 도대체 사람의 목숨을 지키겠다는 것입니까? 아니면 우리의 거주지를 살인자들의 세상으로 내어주겠다는 말입니까?

왜 이런 곳을 만드는 것입니까? 이런 곳이 필요한 진짜 이유는 무엇입니까?

⋯ 민 35:16~21, 신 19:11~13 - 가족이 복수하도록 허용하고 있습니다.

하나님의 목적으로 해결

도피성은 가나안 정착이후 하나님께서 지시한 첫 번째 일 중 하나입니다. 어떤 의미에서는 이 도피성을 만드는 일이 아주 중요하다는 뜻입니다. 그리고 이 일은 갑자기 계획된 일도 아닙니다. 이미 하나님께서 모세에게 일러서 준비하게 하신 일입니다(민35:22~28).

그러므로 도피성은 하나님의 특별한 은혜의 장소입니다.

5절 "피의 보복자가 그의 뒤를 따라온다 할지라도 그들은 그 살인자를 그의 손에 내주지 말지니 이는 본래 미워함이 없이 부지중에 그의 이웃을 죽였음이라"

도피성이라는 공간은 피의 보복자, 즉 복수자의 손에서 고의성이 없는 살인자를 구원하시려는 하나님의 특별한 은총이 머무는 공간입니다. 이 도피성에 피하게 하심으로 반복되는 죄의 고리를 끊으시려는 하나님의 심정입니다. 한마디로 도피성은 새로운 삶을 시작할 수 있는 기회를 주시려는 것입니다(4절, 6절).

4절 "이 성읍들 중의 하나에 도피하는 자는 그 성읍에 들어가는 문어귀에 서서 그 성읍의 장로들의 귀에 자기의 사건을 말할 것이요 그들은 그를 성읍에 받아들여 한 곳을 주어 자기들 중에 거주하게 하고"

도피성에 피할 수 있는 자는 장로들의 귀에 진실을 말해야 합니다. 만일 그들의 거짓이 드러난다면 그들은 복수자의 손에 넘겨지게 됩니다.

6절 "그 살인자는 회중 앞에 서서 재판을 받기까지 또는 그 당시 대제사장이 죽기까지 그 성읍에 거주하다가 그 후에 그 살인자는 그 성읍 곧 자기가 도망하여 나온 자기 성읍 자기 집으로 돌아갈지니라 하라 하시니라"

도피성은 재판을 받아 그의 살인이 고의성이 없다는 판결을 받거나 제사장이 죽기까지 머물면서 대기하는 곳입니다. 새로운 시작을 위하여 모두가 회복하는 곳입니다.
이 일을 위한 하나님의 특별한 배려가 도피성 전체에 깊이 새겨져 있습니다.

1. 어느 지역에서도 하루 만에 도피성에 이르도록(대략 48㎞ 이내) 요단강을 중심으로 동편과 서편 지역을 북부, 중부, 남부 여섯으로 지역을 구분하여 여섯 개의 도피성을 마련하셨습니다(7~8절).
도피성의 위치는 요단 강 서쪽으로는, 납달리 지파 내 갈릴리 산지의 게데스(수 12:22; 19:32), 에브라임 지파에 속한 세겜(수 20:7), 유다지파에 속한 헤브론(수 20:7; 21:11)이 있고, 요단 동쪽으로는 르우벤 지파에 속한 베셀(수 20:8; 21:36), 갓 지파 내 길르앗 지역의 길르앗 라못(수 21:38), 므낫세 지파 내 바산 지역의 골란(수 20:8; 21:27)입니다.

2. 도피성으로 향하는 길에는 "도피성"이라 쓴 팻말이 눈에 띄기 쉬운 길목에 설치되었고, 그곳에 이르는 길을 넓게 닦아 도피에 용이하게 하셨습니다(신 19:3). 전해지는 말로는 그 길의 폭이 14m나 되었다고 합니다.

  3. 또한 도피성에는 모든 생필품을 비치하여 생활하는 데 불편하지 않게 배려하셨습니다. 이는 도피성이 일시적인 도피의 공간이 아님을 보여주신 것입니다. 도피성에 피한 자에게 안전 뿐만아니라 생명을 유지하는 데 필요한 모든 것을 책임져 주신 것입니다.

  4. 도피성은 특정한 자만을 위한 공간이 아닙니다. 누구든지 도피성에만 오면 구원을 얻을 수 있습니다(9절). 자국민은 물론이거니와 그들 중에 거하는 자는 누구든지 피함을 얻을 수 있습니다. 생명을 구원하는 일에는 인종과 계급이 전혀 문제되지 않습니다.

관점으로 청중적용

  사랑하는 여러분!
  얼마 전 딸을 살해하고 스스로 목숨을 끊은 아버지의 이야기가 지상파를 통하여 알려졌습니다.
  이 비극의 발단은 딸의 등록금 때문에 빌린 300만원의 사채가 문제였습니다. 아버지가 사채를 빌려서 등록금을 마련한 것을 알고 딸은 열심히 공부하고, 알바를 해서 빚을 갚으려 노력했습니다. 하지만 300만원의 사채는 얼마 안 되어서 1000만원이 되었고, 머뭇거리는 사이에 6000만원으로 불어났습니다. 급기야 사채업자들은 딸을 잡아다 몹쓸 짓을 하고 술집에 넘기어 딸의 인생을 짓밟아 버렸습니다.

이 사실을 안 아버지는 더 이상 어찌할 수 없다는 생각에 해서는 안 될 일을 선택했습니다. 더 이상 피할 길이 없었다고 여겼기 때문입니다.

이 아버지와 딸의 문제는 무엇입니까?

1. 지금 우리 주변에는 문제의 핵심과 상관없이 억울한 일을 당하는 사람들이 있습니다. 도끼를 잘못 사용했을 뿐 사람을 죽일 의도가 전혀 없던 사람들이 도끼자루가 부러져서 부지중에 일어난 사고로 살인자로 전락되어 일생을 따가운 눈초리 속에 살고 있는 경우입니다(신 19:5).

평소 우리는 이런 사람들을 어떻게 바라보았습니까?
나름대로 사연이 있고 고의성이 없다는 사실을 알면서도 여전히 우리는 그들에게서 전과자, 살인자, 성범죄자 등등의 꼬리표를 떼지 못하고 있습니다.

이들에 대한 편견과 선입견이 이들을 또다시 죄악의 구렁텅이로 몰아넣고 있는 현실을 어떻게 생각하십니까? 나의 가족 중 한 사람이 이런 문제로 고통을 당해도 우리가 평소 가진 생각을 버리지 않으시겠습니까?

만일 우리 공동체 안에 이런 사람들이 찾아온다면 어떻게 하시겠습니까?

2. 하나님께서 우리에게 원하시는 것은 분명합니다.
우리의 시선이 달라져야 합니다. 하나님은 억울한 일을 당하여 생명을 잃어버리는 자가 없어야 함을 분명하게 보여주고 계십니다. 하나님께서도 정죄하시지 않는 자를 우리가 함부로 정죄하여 형제를 실족하게 하는 일이 우리 공동체 안에서 일어나서는 안 됩니다.

1) 눈에 보이는 것이 전부가 아닙니다.
우리가 외면 한다면 그들은 갈 곳이 없습니다. 우리는 누구의 손이라도 잡을 수 있어야 합니다. 그러기 위해서는 하나님의 심정으로 사람을 대해야 합니다. 예수님이 우리를 맞아주셨던 그 순간을 잊지 말아야 합니다.

2) 세심한 배려와 보살핌이 모두에게 필요합니다.
공동체는 개인보다 우리를 우선해야 합니다. 지금 우리 곁에는 누군가의 보살핌이 필요한 사람이 있습니다. 좀 더 깊은 마음으로 다가설 수 있어야 합니다. 모두가 같은 마음과 같은 자세로 서로를 대해야 합니다.

3) 하나님은 회복과 일어섬을 위하여 우리교회(공동체)를 만

드셨습니다.

교회는 일으키고 회복시키는 일을 우선해야 합니다.

교회의 사명은 살리고 일으키고 회복시키는 것입니다.

이 일을 위해서 우리 교회는 누구의 손이라도 잡아야 합니다.

관점으로 결단

건강한 교회는 그 지역의 도피성, 피할 수 있는 곳입니다. 누구든지 피할 수 있는 곳이 교회입니다.

건강한 교회는 진심어린 돌봄과 격려가 있습니다. 상처와 고통으로 얼룩진 자들이 새 힘을 얻는 곳이 건강한 교회입니다.

건강한 교회는 다시 일으켜 세우는 곳입니다. 편견과 고정관념을 버리고 다시 일어서도록 모든 것을 도와주는 교회가 도피성 교회입니다.

평소 사람을 대하는 나의 태도를 점검합시다.

나 때문에 우리 교회 안에 정착하지 못하는 사람이 없어야 합니다.

지금 내 안에 있는 고정관념이나 편견들을 버리고 나의 생각을 새롭게 합시다.

누구든지 우리 교회로 와서 예수님께 피할 수 있도록 길을 닦고 모든 장애물을 없애야 합니다. 우리 교회가 그들이 피할 수 없는 곳이 된다면 그들은 복수자의 칼을 피하지 못하고 처참히 죽어갈 것입니다.

　그러기 위해서 우리는 예수님을 통하여 매 주일 회복을 경험해야 합니다.
　예수님은 우리 교회를 통하여 나를 고치시고 일으키십니다!

하나님께 부름 받을 날이 얼마 남지 않은 여호수아는 이 세겜에서 그 백성들과 다시 한 번 언약을 기억하며 다짐을 받고 싶은 것입니다.

1부 관점설교

16 | 수 23:1~24:23
여호수아의 유언

 지금도 그의 자손들이 형통의 길을 가고 있습니다. 여호수아를 따른 것이 아니라 여호수아가 남겨준 그 언약대로 살아왔기 때문입니다. 언약을 물려받고 그 언약을 지키는 자는 죽은 자 같으나 살아 있는 자입니다.

※ 나와 내 집은

누구에게나 인생의 겨울이 찾아옵니다.
여호수아에게도 인생의 겨울이 다가왔습니다.

"여호와께서 주위의 모든 원수들로부터 이스라엘을 쉬게 하신 지 오랜 후에 여호수아가 나이 많아 늙은지라 여호수아가 온 이스라엘 곧 그들의 장로들과 수령들과 재판장들과 관리들을 불러다가 그들에게 이르되 나는 나이가 많아 늙었도다"(23:1~2)

이스라엘 장로들과 수령들 그리고 재판장들과 관리들을 모으고 유언적인 부탁을 합니다(23:6~16).

※ 여호와의 율법을 다 지켜 행하고 좌로나 우로나 치우치지 말라(6절).
※ 남아 있는 민족을 경계하고 그들의 신을 섬기지 말라(7절).
※ 하나님을 가까이 하고 그를 사랑하라(8~11절).
※ 이방 여인과 혼인하지 말라(12~13절).
※ 여호와의 언약을 범하여 멸망에 이르지 말라(14~16절).

그 후 다시 여호수아는 세겜에서 장로들과 수령들과 재판장들을 모으고 지난 날 하나님의 언약들이 어떻게 성취되었는가를 상기하면서 자신의 결심을 밝혔습니다(24:1절).

설교를 이끄는 관점

24:14~5절 "그러므로 이제는 여호와를 경외하며 온전함과 진실함으로 그를 섬기라 너희의 조상들이 강 저쪽과 애굽에서 섬기던 신들을 치워 버리고 여호와만 섬기라 만일 여호와를 섬기는 것이 너희에게 좋지 않게 보이거든 너희 조상들이 강 저쪽에서 섬기던 신들이든지 또는 너희가 거주하는 땅에 있는 아모리 족속의 신들이든지 너희가 섬길 자를 오늘 택하라 오직 나와 내 집은 여호와를 섬기겠노라 하니"

갑자기 백성들에게 자신들이 섬길 자를 택하라고 강요하듯 목소리를 높였습니다. 그렇다면 지금까지 이들은 누구를 섬겼다는 말입니까?

여호수아는 지금까지 사용하지 않았던 아주 강력한 언어도 사용했습니다.

"만일 여호와를 섬기는 것이 너희에게 좋지 않게 보이거든 너희 조상들이 강 저쪽에서 섬기던 신들이든지 또는 너희가 거주하는 땅에 있는 아모리 족속의 신들이든지 너희가 섬길 자를 오늘 택하라"

바로 앞 장에서 여호수아는 절대로 이방신을 섬기지 말라고 당부했습니다. 이방인과 결혼도 하지 말라고 했습니다. 남아있는 민족들과 접촉하는 일도 조심하라고 했습니다. 그런데 어째서 조상들이 가나안 땅에 들어오기 전에 섬겼던 신들과 가나안의 신들 그리고 아모리 족속의 신이라도 섬기려면 섬기라는 식으로 말을 하는 것입니까?

- ◆ 이것이 백성들을 향한 여호수아의 진심이 맞습니까?
- ◆ 얼마 전 여호수아로부터 유언적인 당부를 들었던 장로들과 수령들은 이런 여호수아의 음성에 어떤 반응을 보였겠습니까?
- ◆ 여호수아가 이렇게 거친 말을 하는 진짜 이유는 무엇일까요?

하나님의 목적을 중심으로 해결

여호수아가 백성들을 세겜에 다시 모은 것은 이곳이 여호와의 말씀을 낭독하고 아멘으로 화답했던 곳이기 때문입니다. 그러므로 이제 하나님께 부름 받을 날이 얼마 남지 않은 여호수아는 이 세겜에서 그 백성들과 다시 한 번 언약을 기억하며 다짐을 받고 싶은 것입니다.

지도자 여호수아는 이 백성들이 하나님과 그 언약을 떠나서 멸망에 이르지 않도록 자신의 신앙고백을 모두가 따르기를 촉구하는 것입니다.

"오직 나와 내 집은 여호와만을 섬기겠노라"

이 백성들이 자손 대대로 이 신앙을 지키고, 이 신앙대로 살기를 고백하게 하려는 것입니다.

이런 여호수아의 중심을 아는 그 백성들과 지도자들은 여호수아의 고백을 자신의 신앙고백으로 따르기를 언약했습니다(16~18절).

16절 "백성들이 대답하여 이르되 우리가 결단코 여호와를 버리고 다른 신을 섬기기를 하지 아니하오리니"

이전에 하나님의 언약을 낭독할 때 "아멘"한 것처럼 여호수아의 신앙고백을 아멘으로 받아들였습니다.

여호수아는 이 백성들이 이 언약을 지킬 수 있도록,
1. 이스라엘의 하나님은 이 언약을 어길 때 복을 저주로 바꾸시는 질투의 하나님이심을 상기시켰습니다(19~20절). 이는 절대로 하나님을 실망시키지 말라는 당부 중의 당부였습니다.

2. 여호와의 언약을 지키기로 스스로 맹세하게 했습니다(21~22절).
스스로 증인이 되었으니 신앙 양심에 따라서 행동할 것을 주문했습니다.

3. 그곳에서 다시 언약을 맺고 율례와 법도를 제정했습니다 (25절).

백성들이 이방신을 버리고 회개한 후 새 출발을 하도록 율례와 법도를 다시 백성들에게 들려줌으로 결단을 이끌어냈습니다.

4. 이 말씀을 돌에 기록함으로 영원한 증거로 삼았습니다 (26~27절).

이는 백성들을 끝까지 아끼고 사랑하는 지도자 여호수아의 열정입니다. 그는 죽는 순간까지 백성들이 언약을 떠나지 않도록 자신이 할 수 있는 모든 것을 다했습니다.

관점을 중심으로 청중 문제 해결

사랑하는 성도 여러분!

1. 시간이 지나면서 사람들은 변합니다. 지금 내 인생에서 하나님은 어떤 분이십니까? 지금 나는 어떤 태도로 하나님을 섬기고 있습니까? 지금 내가 가진 신앙의 모습을 내 가족들과 주변 사람들에게 담대히 말하고 나처럼 신앙생활을 하라고 자신의 신앙을 보여줄 수 있습니까?

지금 내 인생에 가장 중요한 것은 무엇입니까? 그리고 앞으로 어떤 것을 위하여 일생을 헌신하려고 합니까? 내 인생이 다하는 날 주변에서 나를 어떻게 기억해 주기를 바랍니까? 내 묘비명에

꼭 남기고 싶은 말이 있다면 무엇입니까?

2. 여호수아는 전적으로 순종한 사람이었습니다.

그는 오직 여호와의 언약을 지키고 좌로나 우로나 치우치지 않으려고 최선을 다했습니다. 그가 언약을 앞세우고 나아갈 때에 하나님은 단 한 번도 그를 실망시키지 않으셨습니다.

1) 여호수아의 순종은 모두를 형통하게 했습니다.

그를 형통하게 만드신 분은 하나님이십니다. 하나님께서 여호수아를 형통하게 하실 수밖에 없었던 것은 그가 여호와의 언약대로 순종하고 어떤 경우에도 그 언약을 놓치지 않았기 때문입니다.

2) 여호수아는 자신의 이런 신앙을 유산으로 남겼습니다.

여호와만을 섬겼던 자신의 믿음을 모든 백성들에게 남겼습니다. 그는 자신의 신앙을 남겨주기에 부끄럽지 않은 사람이었습니다.

백성들도 이런 여호수아의 신앙을 따르기에 주저함이 없었습니다. 그래서 우리도 여호수아를 본받아 앞으로 가자고 노래할 수 있었습니다.

3) 그 결과 지금도 그의 자손들이 형통의 길을 가고 있습니다.

여호수아를 따른 것이 아니라 여호수아가 남겨준 그 언약대로 살아왔기 때문입니다.

언약을 물려받고 그 언약을 지키는 자는 죽은 자 같으나 살아 있는 자입니다.

청중의 결단

건강한 교회는 한 세대에서 또 한 세대로 신앙을 유산하는 교회입니다. 내일 준비하고 내일을 더 복되게 건설해가는 교회입니다.

건강한 교회는 내일을 내다보는 지도자가 있습니다. 믿음의 큰 눈을 가진 사람이 있는 교회는 건강한 교회입니다.

건강한 교회는 시간이 변해도 하나님의 약속이 변하지 않고 이루어지는 교회입니다. 언제나 형통하는 교회입니다. 오랫동안 기억되는 교회입니다.

1. 나는 무엇을 남길 것인가?

2. 나는 어떤 모습으로 기억될 것인가?

여호수아 13~19장의 땅 분배는 이루어진 약속과 이루어질 약속의 분기점입니다. 이 테마는 노아, 아브라함, 이삭, 야곱, 요셉 등이 자신의 생을 통하여 하나님의 약속의 이루어짐을 경험했지만, 그러나 또한 이루어질 약속을 소망하며 죽는 것과 같은 종류의 중간상태입니다.

2부 여호수아 이해하기

여호수아
13~19장 이해하기

이처럼, 땅 분배 장면에서는 과거의 축복이 성취되고 있는지를 확인하기 위해 앞선 책들의 연구가 필요할 뿐 아니라 지금 정해지는 땅들이 미래 역사에서 어떻게 축복이 되는지를 보기 위해서 여호수아 이후의 역사서와 선지서 연구도 필요합니다.

1. 구약 성경에서 땅의 의미

여호수아 13~19장의 땅 분배는 이루어진 약속과 이루어질 약속의 분기점입니다. 이 테마는 노아, 아브라함, 이삭, 야곱, 요셉 등이 자신의 생을 통하여 하나님의 약속의 이루어짐을 경험했지만, 그러나 또한 이루어질 약속을 소망하며 죽는 것과 같은 종류의 중간상태입니다.

특히 여호수아 13~19장에서의 땅 분배 장면은 앞서 언급된 조상들부터 시작하여 출애굽을 경험하며 가나안까지 왔던 조상들이 다 죽고, 이제 그 오래된 약속이 성취되는 장면이기에 더 큰 감명이 됩니다. 그러나 큰 감명만큼이나 새 세대가 다시는 하나님과의 약속에 불신이나 불순종을 하지 말아야 하는 의무와 부담감이 더욱 부각되는 장이기도 합니다.

새 세대에게는 아직 정복되지 않은, 즉 약속으로 받은 땅이기에 그 땅은 하나님께서 주시는 테스트가 됩니다. 과연 새 세대는 약속으로만 받은 땅을 다 차지했을까요?

요약하자면, 여호수아 13~19장의 설교는 두 방향으로 잡힐 수 있습니다. 이전에 가난안 땅에 대한 약속이 어떠했는지, 이후에는 그 땅이 어떻게 되었는지.

2. 먼저, 땅 분배 이전 약속에 대하여 생각해보겠습니다.

여호수아 13~16장은 지역이나 마을의 이름을 직접적으로 표현

합니다. 이전 약속에서 땅은 이름이 직접적으로 언급되기도 하지만 족속의 이름이 그 땅 이름 대신에 쓰이는 것이 보통입니다.

이는 땅에 대한 연구가 족속 이름들이 나오고 족속의 특징이 나오는 선조들까지 갈 수 있다는 가능성을 엽니다. 예를 들면 노아, 함 자손, 가나안 족속이 좋지 않게 표현된 부분까지 모두 땅의 약속과 그 근거들에 대하여 생각해볼 수도 있습니다.

우선은, 여호수아 13~16장에 나오는 땅이나 족속 이름들과 가장 직접적으로 언급된 부분인 아브라함의 약속부터 공부하는 것이 적당합니다.

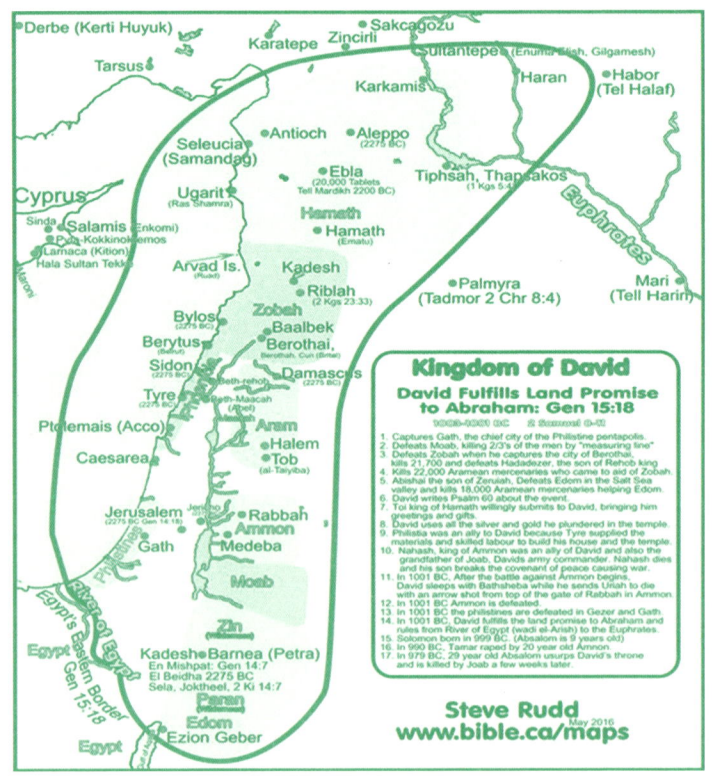

창세기 15장 18절입니다. "그 날, 여호와께서 아브람과 언약을 세우셨습니다. 내가 이 땅을 네 자손에게 줄 것이다. 내가 네 자손에게 이집트의 강(River of Egypt)과 저 큰 강 유프라테스(River Euphrates) 사이의 땅을 주리니, <u>이 땅은 겐 사람과 그니스 사람과 갓몬 사람과 헷 사람과 브리스 사람과 르바 사람과 아모리 사람과 가나안 사람과 기르가스 사람과 여부스 사람의 땅이다.</u>"

이처럼, 이스라엘 자손 모두에게 주어진 땅은 아브라함 때부터 분명하게 명시되어 있습니다. 물론 이 경계선은 역사를 살펴 볼 때, 땅의 정복에 들어간 여호수아서에서 성취되지 않았습니다.

이들이 정복한 땅(Actual Promised Land)은 아브람에게 하나님이 주신 약속의 땅보다 훨씬 작지요. 따라서 창세기 15장에 나타난 이 땅의 경계는 사실 보다 더 넓은 의미의 약속의 땅(greater Promised Land)이라고 불립니다. 이 위대한 약속의 땅은 다윗의 시대를 지나 솔로몬 왕에 이르러 드디어 실현되게 됩니다.

그렇다면 땅의 분배는 어떨까요? 어떤 지파는 어떤 땅을 가질 것이라고 명확하게 써놓은 부분이 사실 성경에는 나와 있지 않습니다.

여호수아 13~16장에서는 제비뽑기를 통해 땅 분배를 합니다. 제비 뽑기(여호수아 14:2, 18:6)로 정해진 땅 배정은 그저 그 제비뽑기 현장에서 "우연히" 결정된 즉흥적인 사건일까요? 겉으로 보는 것처럼 그런 것이 아니라는 것이 성경 여러 곳을 통해 관찰됩니다.

이 부분을 살펴보도록 하겠습니다. 먼저, 12지파가 처음 시작된 야곱 가족 이야기로 가보기로 하겠습니다.

창세기 30장에 나온 야곱의 아들들의 어머니와 출생순서는 다음과 같습니다.

레아	1. 르우벤 2. 시므온 3. 레위 4. 유다 9. 잇사갈 10. 스불론	라헬	11. 요셉 12. 베냐민
실바	7. 갓 8. 아셀	빌하	5. 단 6. 납달리

이전의 성경 이야기들에서도 그러했듯, 창세기 49장 야곱의 축복은 하나님의 유업이 출생순서를 따르는 것만은 아님을 보여줍니다.

르우벤은 빌하와의 잠자리로 장자의 유업을 받지 못하며(창 49:4), 시므온과 레위는 친자매인 다나의 강간사건 때 야곱마저 속이며 살인을 저질렀으므로(49:6) 장자의 유업을 받지 못합니다.

이와는 반대로, 다음 차례인 유다는 창세기 43장~46장에서 그의 지도력을 잘 보여줍니다. 야곱을 설득하며 나선 것도 유다였으며, 야곱이 고센 땅으로 가서 요셉을 맞이하게 한 사람도 유다입니다(46:48). 특히 44:14절에서 "유다와 형제들"이라는 표현은, 유다의 지도력을 암시합니다(창43장~46장). 이것이 유다가 장자의 축복을 가지는 이유입니다.

마찬가지로, 요셉은 형제들의 배신에도 불구하고, 이집트에서 신실한 삶을 살았고, 그 열매로 야곱의 가족 모두를 고센 땅에 정착시켰으므로, 야곱이 내린 요셉에 대한 축복은 풍성합니다. 왕이 날 것이라는 축복을 빼면, 유다의 것보다 전혀 모자라지 않는 축복입니다. 이는 여호수아 13장, 16장에서의 땅 분배와 연관이 있습니다.

1) 먼저, 13장부터 19장의 개요입니다.

13장에서 땅 분배를 시작하며, 르우벤, 갓, 므낫세 반 지파는 가장 먼저 땅을 배정받습니다. 신명기에서 르우벤과 므낫세 반 지파가 요단 동편 땅을 요구했고, 모세는 허락했습니다. 14장에서는 갈렙이 나와 다시 한 번, 모세의 약속을 근거로 헤브론을 받습니다. 15장은 유다지파, 16장은 요셉지인 에브라임 지파와 므낫세 반지파입니다. 마지막으로 18장과 19장에서는 나머지 7지파가 제비를 뽑아 땅을 결정합니다.

2) 5지파 먼저

13~17장에서 5지파가 먼저, 18~19장에서 7지파가 나머지를 기업으로 받습니다. 5지파의 선 분배는, 그들에게 축복이 먼저 가는 것을 의미합니다. 5지파 중 유다 지파, 요셉 지파가 속한 것은 창세기 49장의 축복을 생각하면 이해하기 쉬운 부분입니다.

창세기 49장에서, 야곱의 축복을 가장 많이 가져간 두 지파가 먼저 땅을 배분받는 장면입니다. 땅 분배의 순서 면에서 유다와 요셉은 다른 지파들보다 축복을 빨리 선점합니다.

유다와 요셉지파가 받은 땅, 그 자체는 왜 중요할까요? 그 땅의 가치는 이전의 약속에 있는 것이 아니라 이후 이스라엘의 역사에서 발견됩니다. 유다지파가 받은 땅은 남 왕국 유다의 중심지이며, 요셉이 받은 땅은 북 왕국 이스라엘의 중심지입니다.

이들이 축복을 먼저 받은 것 외에도, 이스라엘 역사의 중심을 이끌고 갈 땅을 받았다는 것에서 우리는 이 땅 분배에서의 축복의 성취를 보게 되는 것입니다.

3) 요단 동편 2 + $\frac{1}{2}$ 지파

유다와 요셉 지파가 요단 서편에서 땅을 분배받기 이전에 2+1/2지파가 요단 동편 땅을 유업으로 받은 것 또한, 이들의 축복과 연관하여 이해할 수 있습니다.

르우벤은 야곱의 첫째 아들이지만 장자의 축복을 받을 수 없으므로 요단 서편 이스라엘 왕국들과 떨어진 동편에 배치됩니다. 자연히 르우벤 족속은 미래 유다와 이스라엘 왕국에 위협이 되지 않습니다.

넷째 아들이었던 유다의 형들인 르우벤, 시므온, 레위 중에서 시므온 지파는 유다에게 속하게 되고(더구나, 신명기 33장에서 시므온은 더 이상 모세의 축복에서 그 이름조차 거론되지 않음), 레위(여호수아 13:33)는 제사를 담당하는 지파로서 땅을 기업으로 받지 못하기 때문에, 5지파의 땅 배치에서 르우벤만이 언급됩니다.

이제 갓 지파로 가보겠습니다. 갓 지파가 어째서 요단 동편에 남게 되었는지에 대해서는 단서들을 찾기가 어렵습니다.

하나 연관이 있어 보이는 정보는 광야 성막에서 남쪽을 담당하던 지파들이 르우벤, 시므온, 갓이었다는 사실입니다. 시므온은 유다에 편입되었으니 이미 제외되었다고 생각하면 이제 남은 것은 르우벤과 갓, 이 두 지파가 성막 남쪽을 지켰던 것처럼 요단동편 땅을 같이 분배받았다고 할 수 있습니다.

정리하자면, 13장~17장에서의 설교 메시지는 르우벤이 요단 서편 축복의 땅에서 밀려나 동편에 배치된 것, 유다와 요셉이 요단 서편의 축복의 땅을 배정받은 것이 야곱의 축복의 성취를 보여준다는 점이 됩니다.

그러나 또 다른 측면에서 우리는 이들의 이야기를 이들 2.5지파의 활동과 그 신학적 의미를 중심으로 풀어 볼 수도 있습니다. 사람들은 이 요단 동편지파들을 곱지 않은 시선으로 바라봅니다. 그러나 이들은 오늘날 공동체를 세워 나가려는 우리들에게 많은 시사점을 제공해 줍니다.

첫째, 이들의 정복활동과 정착이야기는 나머지 아홉 지파들의 요단 서편 정복활동에 모범을 주는 첫 열매 샘플로 읽힐 수 있다는 것입니다.

요단 서편의 지지부진한 정복활동과는 달리, 모세에 의해 주도된 요단 동편 정복은 그야말로 완벽한 "헤렘"을 보여줍니다. 모세는 요단 서편에서 모든 거주민들을 다 진멸하고 새롭게 역사를 씁니다. 이렇게 모세가 완전히 물리친 땅에 정착한 사람들이 바로 이들이기 때문입니다. "아! 정복은 이렇게 하는 것이구나!"라는 것을 보여주는 모델로 알게 해 준 사람들이 바로 이 요단 동편 사람들입니다.

둘째, 이들은 형제의 필요를 외면하지 않고 싸우는 사람들이었습니다.

누구보다 공동체가 어떻게 함께 움직여야 하는지를 머리가 아니라 마음으로, 입이 아니라 행동으로 보여 준 사람들입니다. 자신의 안연한 삶에 만족하지 않고 형제를 내 몸과 같이 사랑하며 하나님의 성전에 나선 사람들이 바로 이들입니다.

생각해 보십시오. 갓 정복하고 정착한 땅에 아이들과 부녀들만 놔두고 몇 년씩 비워 두고 떠나는 것이 쉬운 일입니까? 농사는 누가 짓고 적이 쳐들어 올 때 싸움은 누가 한단 말입니까? 왜 우리는 이것을 자꾸 가볍게 넘기는 것일까요!

셋째, 이들은 하나님의 은혜가 대를 이어가도록, 형제 우애가 대를 이어갈 수 있도록 최선을 다하는 사람들입니다.

그것을 위해 이들은 그들의 경계지역에 증거의 단을 세웁니다. 그들은 잊지 않으려 애썼습니다. 그들은 은혜의 강물 그 흐름에서 제외되지 않으려고 애썼습니다. 그들은 기억의 단, 증거의 단을 세웠습니다. 그래서 모든 이들이, 자신들 당대뿐 아니라 다음 세대들도 보고 기억하고 되새김질하라고 단을 세웠습니다.

마지막으로, 오해가 생겼을 때 대화로 풀어서 공동체를 세운 사람들 또한 요단 동편 지파들이었습니다.

이것은 그야말로 억울한 일입니다. 자신들의 공도 모르고, 자신들의 정성도 모르고 요단 서편 지파들은 이제 다수그룹이 되었다고 힘을 과시하기라도 하듯 다짜고짜 덤벼들며 이 땅을 더럽다고 폄하합니다. 그렇지 않아도 고립될까 두려워하는 사람들에게 조금 더 받았다고, 조금 더 유리한 입장에 처했다고 무시하며 따져들고 있는 저 요단 서편 지파들. 이제 두 지파 반은 소수가 되었는데…. 이러할지라도 이 두 지파 반은 인내를 가지고 이해하며 소통했습니다. 대화로 풀어내며 그들을 포용했습니다.

　이들은 최선을 다해서 역사를 썼습니다. 언약이 성취되는 것을 온 몸으로, 자신의 삶으로 보여준 사람들, 그들은 신중했습니다. 조심했습니다. 왜냐하면 지금 걸어가는 그들의 길이 후배들에게는 모델이 되는 것을 잘 알았기 때문입니다.
　신앙생활을 한다는 것 역시 이와 비슷할 수 있습니다. 우리는 과거의 성찰을 통해서 미래를 만들어 갑니다. 우리 당대에 우리 스스로가 모든 것을 할 수 없다는 것을 너무 잘 알고 있는 것, 그것이 겸손과 성실로 주어진 시간을 살아가는 첫걸음입니다.

　마지막으로, 우리는 이 모든 것을 가능하게 하는 여호수아의 지도력에 주목합니다. 여호수아 아래에서는 이 두 진영이 화합하고 대화하고 협력할 수 있었는데, 그가 죽은 이후에는 어떻게 되었나요? 왜 많은 지도자들이 두 진영을 다 품지 못할까요?

　4) 레위 지파의 땅(?)
　이 레위 지파의 기업은 땅이 아닌 여호와 하나님께 드리는 화제물이 그들의 기업이 됨을 여호수아 13장은 강조하고 있습니다(14, 33절).

　여호수아 13:33은 "오직 레위 지파에게는 모세가 기업을 주지 아니하였으니 이는 그들에게 말씀하심 같이 이스라엘 하나님 여호와께서 그 기업이 되심이었더라"고 하면서 레위 지파가 아무 땅도 그 기업으로 받지 못했음을 강조합니다.

이런 구절들이 자꾸 반복되는 것을 유심히 살펴볼 필요가 있습니다. 이 구절은 동편 지파 땅 분배 때 한번 나오고, 요셉자손 땅 분배할 때 또 나오고(14:4) 나머지 7지파 분배할 때 또 나옵니다. 즉 새롭게 어떤 이야기를 시작하려 할 때마다 이 레위 지파 이야기를 꺼냄으로써 본문은 두 가지를 강조합니다.

(1) 너희들의 땅은 하나님께로부터 선물로 주어진 것이다. 너희는 그저 매니저일 뿐, 세입자일 뿐이다. 여호와께 나아오는 일을 맡은 레위인을 보면서 명심하라.

(2) 공동체의식으로 하나님을 섬기는 일을 잊지 말 것을 강조한다. 너희가 소홀히 하면 레위 지파가 무너지고, 그러면 너희들의 제사가 무너지고, 결국 화를 자초하게 될 것이다.
즉, 레위 지파의 땅 없음과 그들의 번영 확신은 이스라엘이 형제간에, 지파 간에 긴밀하게 연결된 신앙공동체임을 강조하는 것입니다. 이것은 교회공동체에도 똑같이 적용될 수 있는 포인트입니다.

레위 지파는 출애굽기의 금송아지 우상 사건 이후 구별되어 하나님께 예배드리는 지파로 살아가게 됩니다.
이 지파의 생존은 현실적으로 봤을 때, 따라서 참 애매합니다. 하나님을 향한 예배가 말씀대로 잘 드려진다면 레위 지파가 살아가는 데 어려움이 없을 것이지만, 이스라엘 백성들이 하나님께 드려야 할 제사를 온전히 드리지 않는다면 레위 지파 또한 살아갈 능력을 상실하게 되기 때문입니다. 따라서 레위 지파의 삶이란, 그 백성의 신앙을 반영하는 지표가 되는 것이지요.

5) 유다 지파의 갈렙 에피소드

이제 13장과 19장에서 가장 흥미로운 이야기 중 하나는 14장의 갈렙 이야기입니다. 유다 지파와 함께 온 갈렙은 어떤 지파를 대표하는 이름이 아닙니다. 그럼에도 그는 당당히 땅을 요구합니다. 그 근거는 민수기 13장~14장 가나안 정탐 때에 받은 모세의 약속입니다.

가나안 땅을 살펴보고 낙담한 10명의 정탐꾼과는 반대로, 정복에 강한 의지를 보였던 갈렙은 그때 이미 아낙자손의 땅을 약속으로 받았던 것입니다. 자신의 신실함으로 얻은 땅을 당당히 요구하고, 여호수아는 그렇게 약속에 근거하여 그 약속을 현실화시키기 위해 적극적 태도를 보이는 갈렙을 축복하며, 헤브론 땅을 배정합니다.

우리가 잊지 말아야 할 것은, 갈렙이 요구한 이 땅은 결코 만만한 땅이 아니었다는 사실입니다. 약속대로 산지를 달라고 용감하게 나선 갈렙은 위험을 무릅쓰고 가장 좋은 땅을 내가 가지겠다고 요구하는 것이 아니라, 가나안 정복에 가장 부담스러운 땅(헤브론: 아낙 자손들이 살고 있었던 바로 그 땅)을 본인이 손수 나서서 자기기 맡겠다고 요청한 상황이라는 것을 새삼 발견하게 됩니다.

가나안 정복에 가장 걸림돌이 되었던 땅, 아무도 맡으려고 하지 않을 땅 헤브론을 자신이 맡겠다고 나선 갈렙은 지도자인 여호수아의 부담감을 덜어주고 오히려 지도자의 마음을 읽으며 그를 돕는 모습은 오늘날 성도에게 좋은 본보기가 될 것입니다.

더구나, 갈렙은 경쟁의식을 극복(여호수아와 갈렙 두 사람 모두 믿음으로 반응했는데 왜 여호수아만 지도자로 우뚝 서야 할까요?)하고 이렇게 "돕는 자"로 자신의 정체성을 세워간 훌륭한 인물입니다.

갈렙의 이 이야기는 또 다른 측면에서 여호수아서의 신학적 입장을 아주 잘 보여주는 이야기입니다. 즉, 약속으로 받은 것을 현실화시키기 위해서는 그 약속을 믿음과 동시에 적극적으로 나아가야 한다는 것입니다.

갈렙과 같이 약속과 성취 사이의 중간에 있는 것이 바로 이스라엘의 상황이었고, 그것이 바로 우리 그리스도인의 상황으로 연결될 수 있기 때문입니다.

갈렙의 이야기는 유다와 요셉이 야곱의 12형제 중에서 축복을 받은 이야기와 크게 다르지 않습니다.

땅 분배 장면에서 갈렙, 유다지파, 요셉 지파 이야기는 하나님의 축복이 어떤 이들에게 가는지, 그리고 아무리 세월이 흘러도 얼마나 정확하게 이루어지는지를 암시합니다.

정복을 다루는 부분에서 믿음과 순종의 문제를 여전히 강조하고 있습니다. 그런데 재미있는 것은 갈렙이 이 땅을 약속받은 민수기 14장으로부터 지금 여호수아 14장까지는 무려 40여년의 세월이 있었다는 사실입니다. 이것을 잊지 않는다면 여호수아서에 나타나는 단번에 취한다는 하나의 주제와 시간이 걸린다는 다른 주제가 갈렙의 인생이야기에서 서로 연결될 수 있습니다.

요단 서편 땅을 분배하는 이 이야기가 갈렙의 이야기로 시작하고 여호수아로 마무리되는 것은 의미심장한 포인트를 우리에게 던져 줍니다.

여호수아서의 땅 분배 이야기는 재미있고 아름답게 구성되어 있습니다. 출애굽 1세대 대선배인 갈렙과 여호수아가 시작과 끝을 멋있게 장식하고 있기 때문입니다.

요단 서편을 분배하기 시작할 때, 갈렙이 나서서 모범을 보입니다. '약속의 성취는 이렇게 하는 거야'라며 아낙자손을 물리치고 헤브론을 차지합니다. 그리고 모두가 다 땅을 분배받자, 이제 여호수아가 대미를 장식하며 약속대로 개인이 그 기업을 이어받습니다. 이것은 마치, 요단강 물을 건널 때, 처음과 끝 지점이 되어 요단강 바닥에 서 있었던 제사장들의 역할을 다시 떠올리게 합니다. 리더는 시작하고 희생하고 함께 하고 그리고 마무리 하는 자들입니다.

6) 요셉 족속의 에피소드

요셉 족속들의 땅 분배이야기에도 재미있는 에피소드들이 나옵니다. 여호수아 17장에 보면 다음과 같은 이야기들이 그들로부터 나오고 있음을 알게 됩니다.

(1) 요셉 자손은 자신이 다른 지파보다 큰 민족을 이루었는데, 한 분깃의 기업만을 주면 어떻게 하느냐고 말합니다.

(2) 여호수아는 네가 큰 민족이 되어 에브라임 산지가 네게 너무 좁을진대 브리스 족속과 르바임 족속의 땅 삼림에 올라가서 스스로 정복하라고 되받아서 도전합니다. 바로 성취가 그냥 앉아서 주어지는 것이 아니라는 원리를 다시 잘 보여주는 것이지요. 어찌 보면, 이들의 요구는 유다 지파의 갈렙의 태도와 대조되는 태도인 것입니다.

(3) 요셉 자손들은 이 산지는 자신들에게 넉넉하지도 못하고, 골짜기에 사는 자들은 다 철병거가 있어서 정복하기가 어렵다고 다시 불평하며 반응합니다. 바로 이들의 불평이 이제 막 하나의 나라를 세워 가기 위한 이스라엘이라는 어린 공동체에게 위협적인 존재로 자리하는 것을 보게 됩니다.

건강한 교회 공동체를 이루어 가는 과정에서 이런 목소리들을 어떻게 해결해야 할까요?

(4) 여호수아는 "너는 큰 민족이요 큰 권능이 있은즉 한 분깃만 가질 것이 아니라 그 산지도 네 것이 되리니 가나안 족속이 비록 철 병거를 가졌고 강할지라도 네가 능히 그를 쫓아내리라"고 말합니다.

먼저 상대를 인정해 주고 문제도 인정하면서 격려를 합니다만, 다른 부담을 안으면서까지(즉 다른 땅을 분배해 주지는 않는다는 말) 이 문제를 해결하지는 않습니다.

이 결론을 주면서 여호수아는(또는 여호수아서는) 땅 분배는 인간들의 머리와 필요에서 나온 것이 아니라는 선을 분명히 긋고 있는 것입니다.

7) 나머지 7지파의 이야기

나머지 7지파의 분배는 가장 어린 베냐민부터, 스불론, 잇사갈, 아셀, 납달리, 단까지 출생의 순서를 거꾸로 거슬러 올라갑니다.

이 7지파의 땅 분배는 여호수아가 좀 더 적극적으로 땅을 나누어 주는 것을 볼 수 있습니다. 이들 가운데에서는 갈렙이나 요셉 족속처럼 적극적으로 나서는 것을 볼 수 없기 때문인지도 모릅니다.

여호수아는 머뭇거리고 지체하고 있는 이들을 향해서 더 이상 지체하지 못하도록 제비뽑기(하나님의 섭리)라는 방식으로 이들을 움직이도록 하는 것입니다.

3. 땅 분배, 그 이후

이처럼, 땅 분배 장면에서는 과거의 축복이 성취되고 있는지를 확인하기 위해 앞선 책들의 연구가 필요할 뿐 아니라 지금 정해지는 땅들이 미래 역사에서 어떻게 축복이 되는지를 보기 위해서 여호수아 이후의 역사서와 선지서 연구도 필요합니다.

과연, 땅 분배가 다 마무리되어 각자의 기업을 다 받은 이스라엘은 그 이후 어떤 일을 겪게 될까요?

유다와 요셉이 땅을 기업으로 받았고, 왕국을 세운 것도 맞지만 결국은 두 왕국이 멸망하게 됩니다. 선지서들은 그리고 다시 하나님의 비전을 보게 됩니다. 여호수아서는 이와 같은 먼 훗날의 역사까지도 예견하며 이야기해 줍니다.

각 지파들의 땅 분배를 설명하는 구절들 속에서 13:13, 15:63 등은 "지금까지도" 다른 이방 족속들은 이스라엘이 기업으로 받은 땅에 살고 있다고 언급합니다.

이는 신명기에서 멸절하라고 한 하나님의 명령과는 맞지 않는 말입니다. 이 부분이 기업을 받고도 훗날, 유다왕국과 이스라엘왕국이 바빌론과 앗시리아에 멸망되는 사건과 연관됩니다.

여호수아 바로 뒤에 오는 사사시대의 어려움은 어디에서 비롯된 것입니까?

그것은 다름 아닌, 약속을 성취하지 못한 선배 이스라엘의 잘못 또는 한계에서 비롯된 것입니다. 그들이 멸절하지 못한 가나안 족속의 관습과 이방신들의 잔류가 그들에게 올무가 되어 하나님으로부터 떠나게 되는 원인을 만들고 있습니다. 그렇지만 대제국들의 침략으로 무너진 이스라엘 백성에게도, 하나님의 은혜의 손길은 다시 찾아옵니다. 사사시대에도 하나님의 도움은 있습니다.

땅 분배 장면에서 하나 더 다루어야 할 것이 바로 이 부분입니다. 약속의 성취에 하나님은 과제도 남기십니다.

땅의 분배는 가나안 모든 땅을 점령한 시점에서 이루어진 것이 아닙니다. 여호수아 13:1절에서 차지해야 할 땅이 남았음에도, 하나님은 여호수아에게 분배를 명령하십니다. 사사기 3장 1절은 이 결정에 대하여 이스라엘의 새로운 세대를 '시험'하기 위한 여호와의 계획이라고 말합니다. 약속의 성취는 미래에 성취해야 할 약속을 위해 격려와 교훈으로 삼으라는 하나님의 메시지입니다.

축복으로 땅 분배가 이루어진 이후 유대와 이스라엘의 패망이라는 실패는, 그러나 거기서 끝나지 않습니다.

선지자 에스겔은 에스겔 47~48장의 비전에서, 12지파의 땅에 대해 새로운 비전을 받습니다. 땅 분배, 성읍 게이트에 12지파의 배치는 여호수아 12지파의 땅 분배와는 다른 양상을 보일 뿐만 아니라 므낫세와 에브라임은 요셉지파로 명명됩니다.

그 이후로 또 더 많은 세월이 흐른 신약 시대에는 요한계시록이 12지파를 언급하며 단과 에브라임이 없어진 새로운 12지파를 예언합니다. 그 의미에 관해서는 또 다른 연구가 필요합니다.

이번 여호수아서의 땅 분배와 연관해서는 땅 분배가 가지는 이중적 의미, 즉 성취된 축복과 성취해 가야 할 축복이라는 주제를 가져가는 것으로 충분한 듯합니다.

4. "다 이루었다"와 "아직 할 일이 많다"를 모두 보여주는 여호수아서

"다 이루었다"

여호수아 11:23은 "이와 같이 여호수아가 여호와께서 모세에게 이르신 말씀대로 그 온 땅을 취하여 이스라엘 지파의 구별을 따라 기업으로 주었더라 그 땅에 전쟁이 그쳤더라"라고 말합니다.

이 본문과 함께 다음의 구절들은 약속의 땅 정복이 단번에 하나님의 명령하신 대로 깔끔하게 이루어진 이벤트임을 강조하는 구절입니다(10:40~42; 11:14~20, 23;12:7;참고로 다음구절들도 보세요. 18:1,10; 21:43~45; 23:1).
그러나 우리가 알듯, 여호수아서는 전혀 다른 또 하나의 사진을 보여줍니다. 13장부터 19장까지가 그 대표적인 예이지요.

그것은 아주 지리하고 힘든 인간 차원에서의 일입니다. 이것을 둘 다 보여주는 하나님의 목적이 무엇인가! 이것을 보여주어야 여호수아서 강해설교가 그 포인트를 잡게 됩니다.

저는 그 이유를 약속과 성취 사이에서 우리에게 남겨진 과제라고 생각합니다. 믿음으로 하되 그 믿음이 소망을 낳고, 그 소망으로 인내하며 실력을 기르고, 불협화음들을 제거해 나가는 참으로 힘든 한 땀 한 땀의 빌딩 작업이 필요한 것이라고 생각합니다.
건강한 교회 공동체는 이미 하나님께서 주신 선물을 믿음, 소망, 인내, 그리고 노력으로 쟁취해 나가는 과정입니다.

본문에서 얼핏 보아 상반되어 보이는 이 두 가지 사실을 다 말하고 있다는 것입니다. 설교자들에게도 이 두 가지 - 즉, 예언을 믿고 거침없이 뻗어가는 한 측면의 믿음(미리 보듯 믿는 것)과 현실에서 일이 더딜지라도 믿고 가는 인내의 믿음(내 손을 통해 이루시는 하나님이시라면, 내 시대에 내가 할 수 있는 만큼 하고 나는 역사의 뒤안길로 사라져도 좋은 것)-를 함께 역설하도록 권유하고 있는 것입니다.
"여호수아가 나이 많아 늙으매"(13:1).

이제 드디어 13장부터 그 현실감각의 버전이 등장합니다. 세상은 넓고 할 일은 많은데 여호수아는 늙었습니다. 즉, 하나님의 땅 선물 프로젝트는 한 세대를 넘어가는 큰 스케일의 작업이었음이 밝혀지고 있습니다.

13:2~6을 보면, 평지의 좋은 땅은 대부분 다 정복하지 못했습니다. 왜냐하면 철병거가 평지에서 활동하기 좋은 조건이기 때문에 아직 청동문화의 수준에 있던 이스라엘 백성들은 이 철기 문화 민족들을 평지에서 감당하기 힘들었습니다.

그러나 6절 후반부를 보면, "내가 그들을 이스라엘 자손 앞에서 쫓아내리니 너는 나의 명한 대로 그 땅을 이스라엘에게 분배하여 기업이 되게 하되" 라고 하나님께서 말씀하고 계십니다.

놓치지 말아야 할 설교 포인트 중 하나입니다. 한 번에 무찌르든, 시간을 두고 무찌르든, 그것을 이루시는 분은 하나님이십니다. 이제 하나님은 여기서 다른 전략으로 그들에게 당신의 약속을 성취시킬 것을 말씀하고 계십니다.

5. 추후 연구 주제들

땅 분배가 가지는 이중적 의미 외에, 오늘날 이스라엘 사태나 기독교인으로서 유대인들의 땅의 소망을 어떻게 읽어야 할지 등이 여호수아 이야기에 거론될 수 있는 주제들입니다.

갈렙이 요구한 헤브론은 결코 만만한 땅이 아니었습니다. 사실 갈렙이 그 땅을 요구하고 나설 때 숨겨진 의도가 있었습니다. 이는 지도자 여호수아의 부담을 덜어주려는 좋은 동역자의 모습입니다.

2부 여호수아 이해하기

13~19장
각 지파의 땅 분배 과정

모세는 레위 지파를 거룩하고 구별된 경건한 자로 축복함으로 그들이 "둠밈과 우림"을 사용하여 하나님의 뜻을 살피는 제사장이 될 것을 예언한 것입니다.

* 12지파에 대해 언급된 곳이 두 군데 있습니다.

창 49장에서 야곱이 아들들을 축복한 부분과 신 33:6~25의 모세가 12지파를 축복한 내용입니다. 수 13~19장까지의 땅 분배 과정과 결과는 앞서 언급한 야곱과 모세의 축복에 근거한 결과입니다.

1. 르우벤과 갓 그리고 므낫세 반지파(수 12:1~6)

이스라엘 각 지파에게 땅을 분배하기 이전에 여호수아서는 요단 동편지파들의 땅 분배 과정을 다시 설명해 주고 있습니다.

이 일은 모세에 의해 일찌감치 일어난 일임에도 불구하고 다시 언급하는 이유는 이 두 지파 반도 나머지 아홉 지파 반과 함께 한 이스라엘이요, 한 믿음의 공동체로서 하나님께서 주신 땅을 분배받은 형제들임을 강조하기 위한 것입니다(수 13:8~33).

◆ 르우벤 지파(13:15~23)

그는 첫째 아들이었지만 장자의 축복을 잃었으므로(창 31:22), 요단 서편 이스라엘 왕족들과 떨어진 동편에 배치되었습니다. 자연스럽게 르우벤 족속은 미래의 유다와 이스라엘에게 위협이 되지 않았습니다.

신 33:6절은 "르우벤은 살고 죽지 아니하고, 그 인구가 적지 않기를 원한다"고 했습니다. 즉, 르우벤 지파는 종족보존의 축복을 받은 것입니다. 야곱은 그가 장자이지만 탁월하지 못할 것을 예언했습니다(창 49:4).

르우벤은,
① 요단 동편, 즉 최전선(제일선)에 위치함으로 항상 대적들의 위협 속에 살아야 했고,
② 가나안 전쟁 시 선봉을 담당해야 했습니다(민 32:16~32).
③ 동시에 르우벤은 장자로서 첫 번째로 땅을 분배 받아서 완전히 그곳 사람들을 물리치고 정착하는 첫 열매로서 어떻게 땅을 정복해야 하는지를 보여주는 모델로도 그 역할을 담당하고 있습니다.

◆ 갓 지파(수 13:24~25)
갓 지파가 왜 요단 동편에 정착했는지는 분명하지 않습니다. 그러나 르우벤과 시므온, 갓 지파가 성막의 남쪽을 담당했던 점을 고려해 볼 때, 르우벤과 므낫세 반 지파가 요단 동편을 정복하자 그 광활함을 보면서 먼저 그 땅에 정착할 것을 요구했을 가능성이 있습니다. 또한 모세의 약속에 근거하여(신 3:18~22, 32:16~27) 적극적으로 땅 분배를 요구함으로 동편 땅을 먼저 할당받았을 수도 있습니다.

◆ 므낫세 반 지파(수 13:29~31)
요셉의 장자 므낫세는 요단 동편에 반이 남아 있고, 반은 요단을 건너서 요단 서쪽 팔레스타인 중앙에 거주했습니다. 이 갈라짐으로 말미암아 야곱이 예언했던 에브라임이 므낫세보다 창대하게 되리라는 예언이 이루어지게 되었습니다.

2. 유다 지파(수 14:6~15:62)

◆ 갈렙의 요구(14:6~15:19)

갈렙이 요구한 헤브론은 결코 만만한 땅이 아니었습니다. 사실 갈렙이 그 땅을 요구하고 나설 때 숨겨진 의도가 있었습니다. 갈렙은 가나안 정복의 가장 부담스러운 땅을 본인이 맡겠다고 나선 것입니다. 이는 지도자 여호수아의 부담을 덜어주려는 좋은 동역자의 모습입니다. 갈렙은 돕는 자로서 정체성을 세워간 위대한 인물 중 한 사람입니다.

◆ 유다 지파(15:1~12)

야곱은 그의 유언에서 유다의 지도력과 왕권을 예언했습니다(창 49:8~12). 모세도 신 33:7절에서 기도의 형식으로 유다가 받을 복을 선포하고 있습니다. 모세 역시 유다를 이스라엘의 왕권을 누릴 자로, 다른 지파의 지도자로 서도록 간구하고 있습니다.

① 제비를 뽑아서 얻은 땅의 결과 유다의 경계가 1절에 나타나고 있다.

② 유다 지파는 12지파 중 가장 넓은 땅을 차지했습니다.

③ 이 땅은 이스라엘의 족장들이 묻힌 땅으로 야곱의 축복이 이루어진 결과입니다.

④ 가장 거센 아낙 자손들을 다 몰아냈습니다.

⑤ 이는 축복이 구체화 된 것입니다(20~63).

⑥ 남방 지역(21~32), 평지(33~47), 산지(40~60), 광야(61~62)에서 유다가 차지한 성읍은 120개가 넘습니다. 남쪽 29개 성읍, 서쪽 42개 성읍, 중앙 84개 성읍, 동쪽 5개 성읍입니다.

⑦ 유다 지파에서 기억해야 할 세 사람이 있습니다. 갈렙, 옷니엘, 악사입니다. 이들은 모두 진취적이고 적극적인 사람들입니다.

3. 요셉 지파(16:1~17:18)

가나안 정복 후 에브라임과 므낫세가 차지한 땅은 요단 서편 아주 기름진 곳입니다. 여기서 말하는 에브라임이나 므낫세 지파는 요셉의 두 아들입니다(창 41:51~52절). 특히 이들은 가나안 땅의 1/4에 해당하는 땅을 분배받았습니다. 이런 광활한 땅을 축복의 땅으로 가꾸어 가기 위해서 모세는 이들에게 신 33:13~15절에 하늘의 보물들이 쏟아지도록 복을 빌었습니다.

① 이슬과 물
② 태양과 달
③ 특상품물(특산물)
④ 작은 산의 보물과 땅의 보물(밀과 포도)

신 33: 16~17절/창 49: 26절에서 축복이 요셉의 머리, 정수리에 임한다는 것은 당시 아버지가 손을 얹어 복을 빌던 관습(창 48:14~16)을 비유한 것으로 하나님 아버지가 아들처럼 복을 내리신다는 말입니다.

요셉 지파가 다른 지파보다 특별히 구별되게 받은 복이 있습니다.

① 첫 수송아지 같은 위엄(르우벤이 잃어버린 장자의 복을 대신함).
② 그 뿔이 들소의 뿔과 같다. 어떤 지파보다 힘을 가진 지파가 된다는 의미입니다.
③ 땅 끝까지 이른다(번영의 복).
④ 지치지 않는 정복력(수 17:14~18).

4. 땅 분배의 마무리(수 18:1~19:51)

18장 6절을 보면, 나머지 지파들은 제비를 뽑아서 땅 분배를 마무리 했습니다. 한 번도 가나안 땅을 탐험하지 않고, 지도도 그려보지 못한 채, 수동적으로 이끌려 왔던 출애굽 제2세대들에게 제1세대인 여호수아는 자신들이 그러했던 것처럼 이제는 이 후배 세대들이 믿음으로 지도를 그려 그 받은 땅을 정복하기를 바랐던 것입니다.

1) 베냐민 지파(18:11~21)

베냐민 지파의 성읍은 36개로 구성되었고, 유다와 요셉 자손 중간의 땅을 분배받았습니다(신 13:12). 이것을 모세가 축복한 예언의 성취입니다. "여호와의 사랑을 입은 자는 그 곁에 안전히 살리로다 여호와께서 그를 날이 마치도록 보호하시고 그를 자기 어깨 사이에 있게 하시리로다" 한마디로 베냐민을 향한 축복은 '안전한 보호'였습니다.

* 그 곁은 여호와의 곁으로,

① 예루살렘 성전 곁에 위치한다는 의미(수 18:28)

② 이스라엘이 남 북 왕국으로 분열될 때 베냐민 지파는 유다 지파와 결속하여 다윗의 가문으로 영원히 하나님의 성전을 파수한다는 뜻(왕상 12:21)

③ 하나님의 특별한 대상이란 의미

그러나 창 49:27에서 야곱은 베냐민을 "물어뜯는 이리"라고 예언했습니다. 이는 베냐민 지파의 땅이 남과 북을 이어주는 주요 도로를 포함하고 있어 잦은 분쟁을 경험하는 것으로 성취되었습니다(북쪽 경계는 에브라임, 남쪽 경계는 유다, 서쪽 경계는 단 지파).

2) 시므온 지파(수 19:1~9)

시므온은 신명기 33장에서 그 이름조차 거론되지 않았습니다. 시므온 지파는 유다 지파에 속한 기업을 제비로 뽑았습니다(19:1). 창세기 49장 7절에 야곱의 예언대로 시므온 지파는 에브라임과 므낫세 지파 등지로 흩어져 버려 더 이상 그들의 존재가 언급되지 않았습니다.

3) 스블론과 잇사갈 지파(수 19:10~23)

모세는 신 33:18~9절에서 스블론과 잇사갈 지파를 함께 축복했습니다. 이는 이들이 한 어머니(레아)의 출생이며(창 30:17~20) 가나안에서도 두 지파가 인접지역을 분배 받은 것을 예언한 것입니다. 스블론은 12개 성읍을 분배 받았습니다. 창 49:13에 야곱의 예언처럼 이들이 분배 받은 땅은 후일에 해안도시 지역으로 해상무역의 중요한 위치를 담당했습니다.

잇사갈은 스불론 동쪽과 갈릴리 바다 남쪽에 위치한 비옥하고 평온한 골짜기를 분배 받았습니다. 창 49:14~15에 있는 야곱의 예언대로 이들은 조용한 농경생활을 즐기는 지파가 되었습니다. 한 가지, 신 33:19에 이 스불론 지파가 "열국 백성들을 불러 산에 이르게 하고 거기서 의로운 제사를 드린다는 것"을 주목해야 합니다. 이 두 지파가 다른 사람들을 성소에 모아서 신실한 예배자로 살 것을 예언한 것입니다.

이는 아마도 이사야서 9장에서 스불론 땅에 광명이 비추이는 것에서 빛의 자리로 백성들을 이끄는 스불론 지파의 미션에서 성취된 것으로 보아도 무방할 것입니다. 이들은 바다의 풍족한 것과 땅의 감추인 보배들을 마음껏 누리는 축복을 받았습니다.

4) 아셀 지파(수 19: 24~31)

아셀은 지중해 해안평야를 분배 받았습니다. 갈멜산에서 북쪽 시돈과 두로까지 지중해 해안에 인접한 골짜기가 그들의 땅이었습니다(창 49:20). 야곱의 예언대로 가장 농사에 적합한 지역을 받은 것입니다.

특히 해양성 기후로 감람나무를 많이 재배하였습니다. 이로 인하여 아셀 지파는 야곱의 예언대로 왕의 진수를 공궤할 만큼 최상급의 열매를 거두는 복을 누렸습니다. 왕상 5:11절을 보면 솔로몬 왕이 아셀 지파의 곡물을 두로(Tyre) 왕 히람에게 공급한 것이 나와 있습니다.

모세는 신 33: 24~5절에서 아셀 지파가 사는 날 동안 그들의 거주지가 철과 놋으로 지은 요새처럼 튼튼하고 안전하여 걱정할 것이 없음을 예언하였는데 이 또한 성취되었습니다.

5) 납달리 지파(수 19:32~39)

빌하의 막내아들 납달리, 그가 받은 복은 풍요로움이었습니다. 모세는 신 33:23절에서 그에게 "은혜가 족하고 여호와의 복이 가득하다"고 선포했습니다. 이 예언대로 납달리 지파는 가나안 땅의 젖줄인 갈릴리 호수 일대의 비옥한 지역 19개 성읍을 차지했습니다.

야곱은 창 49:21절에서 이들을 암사슴으로 비유했고, 아름다운 소리를 발한다고 예언했습니다. 이곳은 구약시대에는 별로 주목받지 못한 곳이었지만 신약시대에는 예수님의 복음이 울려퍼지던 복음의 출발지였습니다. 사사기 5장에서 바락이 지어 부른 노래가 창 49:21절의 성취입니다.

6) 단 지파(수 19:40~48)

창 49:17절에서 야곱은 단을 뱀의 교활함에 비유했습니다. 그러나 모세는 단의 용맹성을 사자 새끼에 비유했습니다(신 33:22). 후일 사자같이 힘세고 용감했던 삼손이 단 지파 출신입니다.

단 지파는 처음 가나안 중심부의 땅을 분배 받았습니다. 하지만 그들은 자신이 분배 받은 땅이 자신들의 숫자에 비하여 작다고 불평했습니다. 또 한 가지는 아모리 족속과 블레셋 족속의 괴롭힘을 견디지 못했습니다(삿 1:34, 18:1). 결국 이들은 분배 받은 땅을 포기하고 북쪽 레바논 골짜기 레센으로 쳐들어갔습니다 (삿 18:7~31). 이들은 분배 받은 약속의 땅을 포기하는 잘못을 범함으로 하나님이 주신 기업을 끝까지 지키지 못했습니다.

7) 레위 지파(수 13:32~33, 21:1~42)

레위 지파는 다른 지파와 달리 기업을 분배 받지 못했습니다. 야곱은 창 49:5~7에서 시므온과 레위에게 복을 빌지 않고 대신 저주를 선고했습니다. "내가 그들을 야곱 중에서 나누며 이스라엘 중에서 흩으리로다" 이 저주대로 시므온은 유다 지파에 속함으로 흩어지고, 레위 지파는 각 지파에 흩어져 살게 되었습니다.

하지만 레위 지파는 시므온과는 좀 다릅니다. 신 33:8~11에 모세는 레위 지파에게 저주가 아닌 아주 특별한 사명과 복을 선포했습니다. "주의 둠밈과 우림이 주의 경건한 자에게 있도다" 여기서 "둠밈과 우림"은 하나님의 뜻을 살피고자 할 때 대제사장들이 사용하던 신성한 도구입니다. 또한 '경건한 자'는 '거룩하게 구별된 자'라는 의미입니다. 결국 모세는 레위 지파를 거룩하고 구별된 경건한 자로 축복함으로 그들이 "둠밈과 우림"을 사용하여 하나님의 뜻을 살피는 제사장이 될 것을 예언한 것입니다.

* 어떻게 해서 야곱이 내린 저주가 레위 지파에게는 특별한 사명을 가진 자, 하나님을 상대하는 구별된 자로 바뀌었을까요?

출 32:25~29에 그 답이 있습니다. 금송아지 사건 발생 시에 레위 지파가 하나님의 뜻을 수행하기 위해서 칼을 빼어 그 형제들을 죽이는 의로운 일에 전적으로 헌신함으로 야곱의 저주로 땅을 분배 받지 못하고 흩어지긴 했지만 축복의 사람으로 승화되어 48개 성읍으로 흩어져 하나님과 백성을 중재하는 구별된 자가 된 것입니다.

* 레위 지파는 신 33:10~11에 보면,
"주의 법도를 야곱에게 주의 율법을 이스라엘에게 가르치며 주 앞에 분향하고 온전한 번제를 주의 제단 위에 드리리로다 여호와여 그의 재산을 풍족하게 하시고 그의 손의 일을 받으소서 그를 대적하여 일어나는 자와 미워하는 자의 허리를 꺾으사 다시 일어나지 못하게 하옵소서"

① 하나님이 주신 영광스러운 직분이며,
② 백성들에게 하나님의 율법을 가르치고 교육하는 자였으며,
③ 백성들을 대신하여 하나님께 희생 제사를 드리는 예배 봉사 직분자였습니다.

** 여기서 중요한 의문점이 있습니다.
이들은 전혀 기업을 분배 받지 못했습니다. 그런데 모세는 그들을 향해 "그의 재산을 풍족하게 하시고 그 손의 일을 받으소서"라고 축복하고 있는 점입니다.

분배 받은 땅과 소득이 없는데 어찌 그 재산이 풍족할 수 있겠습니까?

① 각 지파 백성들이 십일조와 봉헌물을 드림으로 레위 지파가 풍족하게 되는 것입니다. 이는 레위 지파를 위하여(수 21:1~3) 그 백성들을 풍족하게 복 주심을 선포한 것입니다.

② 레위 지파의 손으로 하는 일을 백성들이 제대로 수행하고 순종하면 하나님께서 그들을 기쁘시게 받으셔서 각 지파들을 축복하심으로 레위 지파의 손이 축복의 손이 됨을 선포한 것입니다.

③ 하지만 레위 지파를 대적하고 그들을 훼방하며 핍박하는 자에 대하여 하나님의 진노가 임하심을 선포함으로 각 지파에게 레위 지파를 온전히 섬길 것을 경고하셨습니다.

가나안 정복

제공 : 성서문화교육원

이스라엘 12지파의 가나안땅 분배

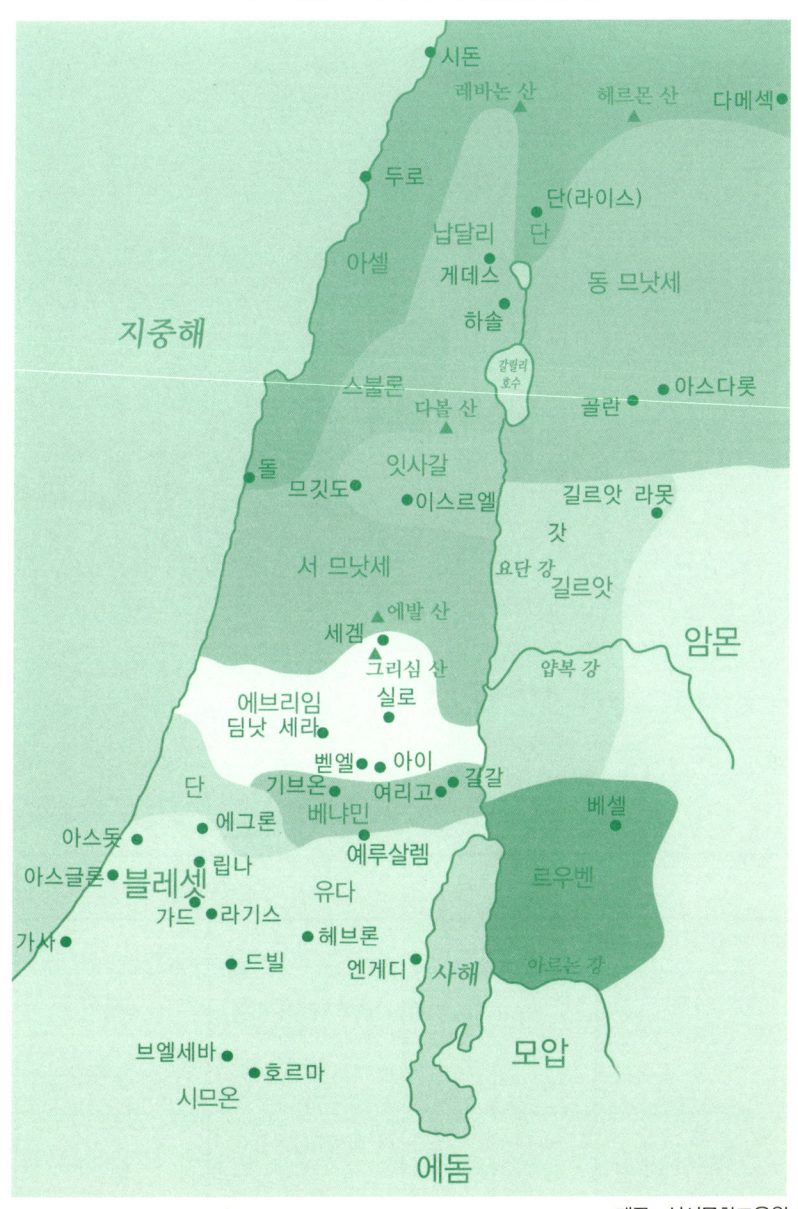

제공 : 성서문화교육원

12지파의 정착과 도피성

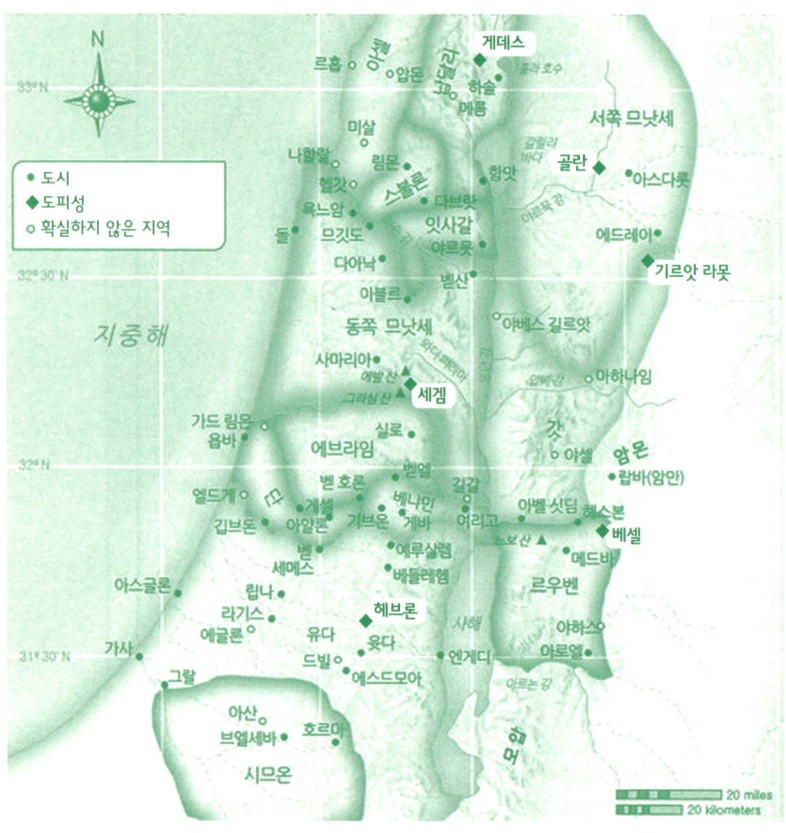

요단 동편		요단 서편	
도피성	지파	도피성	지파
베셀	르우벤	갈릴리 게데스	납달리
길르앗 라못	갓	세겜	에브라임
바산골란	므낫세	기럇 아르바 (헤브론)	유다

다윗과 솔로몬 왕국